급할 때 바로 찾아 말하는

이시원의

여행영어

시원스쿨닷컴

급할 때 바로 찾아 말하는

이시원의 **여행영어**

초판 57쇄 발행 2017년 5월 20일
개정2판 2쇄 발행 2024년 1월 12일

지은이 이시원 시원스쿨어학연구소
펴낸곳 (주)에스제이더블유인터내셔널
펴낸이 양홍걸 이시원

홈페이지 www.siwonschool.com
주소 서울시 영등포구 영신로 166 시원스쿨
교재 구입 문의 02)2014-8151
고객센터 02)6409-0878

ISBN 979-11-6150-725-5 13740
Number 1-010101-22221800-04

급할 때 바로 찾아 말하는

이시원의 여행 영어는
다음과 같은 생각에서 만들었습니다.

「여행 영어」 책은 영어를 배우는 책이 아니다!

안타깝게도 여행 영어는 원리도 모른 체 말하라고 하기 때문이다.
영어의 기본적인 원리를 알고 익히려면 상상했던 것보다 훨씬 영어를 쉽다고 느낄 수 있게 되며 확실히 실력 또한 엄청나게 늘 수 있음에도 시간이 걸리는 것이 사실이다. 적게는 2개월에서 많게는 1년 정도가 걸린다.

「여행 영어」 책에 영어의 원리를 나열한다면 이 책의 두께가 지금의 3배는 되어야 할 것이다.

현실적으로 들고 다닐 책으로는 적합하지 않게 된다.

그러면 여행까지 적어도 1개월부터 많게는 3개월 정도의 시간을 앞두고 있다면?

빨리 찾을 수 있는 책이어야 한다.
그 순간이 왔을 때 바로 바로 눈에 문장들이 들어와야 한다.
이 책은 상황 → 단어 → 문장으로 연결된 국내 최초의 여행 영어 책이다. 상황 속에 포함된 단어를 떠올리고 거기에 뻔하게 쓸 문장을 바로 찾을 수 있게 했다. 이 책의 유일한 목표는 빨리 찾아 말하게 하는 것이다.

이시원의 여행 영어
100% 활용하는 법

색인 〈 미리 보는 여행 영어 사전 〉

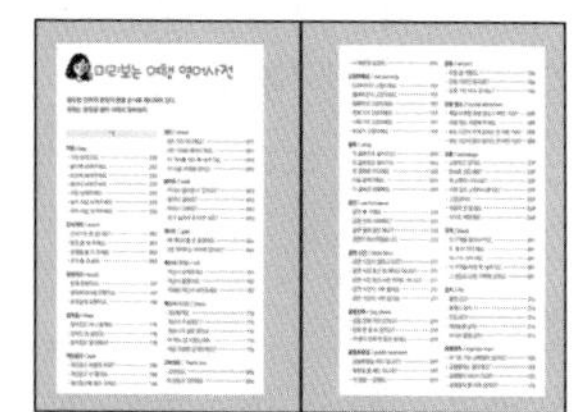

단어와 문장만 순서대로 모아 놓은 색인. 모든 상황의 핵심 회화 표현이 가나다 순서대로 모아져 있어 필요한 문장을 빠르게 찾을 수 있다.

Step 1 여행지에서 겪을 수 있는 10가지 상황과 10개의 part

Step 2 각 상황별로 필요한 단어의 사전식 구성

여행에서 필요한 단어는 뻔하게 정해져 있고 많지도 않다. 급하면 약간의 바디랭귀지와 함께 이 단어만 말해도 된다.

Step 3 해당 단어의 번호를 따라 회화 표현 찾기

1. 각 단어 옆에 표기되어 있는 번호 대로 옆 페이지를 따라가 보면 표현들을 찾을 수 있다. 언제 어디서든 필요한 문장들을 몇 초 안에 찾을 수 있다.
2. 여행에 필요한 상황은 총 10가지(부록으로 유럽여행은 별도). 어떤 페이지를 펼치더라도 필요한 상황에 맞는 회화 표현을 찾을 수 있다.

함께 활용하면 효과가 UP

이시원의 여행 영어 부록

---

1. 도서 안의 모든 문장을 MP3 파일로 제공

모든 문장의 원어민 음원을 도서 표지 날개 부분의 QR을 통해 확인할 수 있다.
수록된 모든 단어와 문장의 영어 발음을 한글로 표기해 놓았지만, 조금 더 정확한 발음을 위해 원어민 음원을 들으며 연습해보자.

2. 유럽 배낭여행을 위한 필수 표현 제공

유럽 배낭여행족을 위한 보너스 페이지. 유럽의 철도를 이용하는 법에서부터 자동차를 렌트하여 운전하는 법, 캠핑장 이용하는 법까지 간단한 여행 정보와 함께 이러한 상황별로 필요한 단어와 문장들을 역시 빠르게 찾을 수 있도록 구성해 놓았다.
Part 1에서는 교통, Part 2에서는 자동차 여행, Part 3에서는 숙박으로 이는 앞부분과 달리 유럽 지역을 배낭 여행할 때 쓸 수 있도록 유레일 철도, 호스텔 이용, 렌터카 등으로 특화되어 있다. 이 내용만 있어도 유럽 지역을 배낭여행 떠나는 데 큰 무리가 없다.
이제 영어 왕초보라 할지라도 용기를 내어 배낭여행을 떠나보자!

목차 CONTENTS

들어가기 전에

본문에 있는 표현만으로도 외국에서 충분히 의사소통을 할 수 있습니다.
다만, 한국에서 낯선 사람, 윗사람에게 존댓말을 써서 공손함을 표현하듯이
외국에서도 낯선 사람, 윗사람에게는 아주 공손하게 문장을 구사하여 말을 씁니다.
몇 가지 예를 함께 들어볼까요?

Get me ~.

p52에 'Get me some water.' 란
표현처럼 'Get me~'을 많이 보실 텐데,
'Get me~.'을 써도 의사소통에
아무 문제는 없어요.
하지만, 여행을 할 때 외국인에게는
조금 더 공손하게 표현하면
아름다운 여행이 되지 않을까요?

· 한국 신문 있어요? Do you have Korean newspapers?
· 스포츠 신문 있어요? Do you have sports newspapers?

13 마실 것 drink [드륑크]

· 마실 거 좀 주세요. Get me something to drink.
· 물 좀 주세요. Get me some water.
· 오렌지 주스 좀 주세요. Get me some orange juice.
· 콜라 좀 주세요. Get me some Coke.
· 사이다 좀 주세요. Get me some Sprite.
· 녹차 좀 주세요. Get me some green tea.
· 커피 좀 주세요. Get me some coffee.
· 맥주 좀 주세요. Get me some beer.
· 와인 좀 주세요. Get me some wine.

52 기내 44p 공항 62p 거리 84p 택시&버스 100p 전철&기차 118p

Would you **get me some water?**

Could you **get me some water?**

Excuse me, can you **get me some water?**

Please **get me some water.**

Can you please **get me some water?**

Would you Could you Excuse me, can you Please Can you please	+	get me some water

Take me ~.

p104에 'Take me to this park'.라는 표현이 보이실 거예요. '~에 가주세요'인 Take me~.는 여행을 할 때 생존영어 표현이랍니다.
'Take me~.' 앞에 Would you, Could you, Excuse me, can you, Please, Can you please을 붙여 공손하게 말하면 여행지에서 외국인들의 친절을 기대해 볼 수 있지 않을까요?

· 이 공원으로 가주세요. Take me to this park.

· 시내로 가주세요. Take me downtown.

· 공항으로 가주세요. Take me to the airport.

03 주소 address [애드레쓰]

· 이 주소로 가주세요. Take me to this address.

· 이 주소 어딘지 아세요? Do you know where this address is?

· 이 주소가 이상해요. This address is weird.

· 이 주소에서 가까운 데로 가주세요. Take me to the nearest spot to this address.

04 기본 요금 starting fare [스타링 훼어]

· 기본 요금이 얼마예요? How much is the starting fare?

· 기본 요금 비싸요. The starting fare is too expensive.

104 기내 44p 공항 62p 거리 84p 택시&버스 100p 전철&기차 118p

Would you **take me to this park?**

Could you **take me to this park?**

Excuse me, can you **take me to this park?**

Please **take me to this park.**

Can you please **take me to this park?**

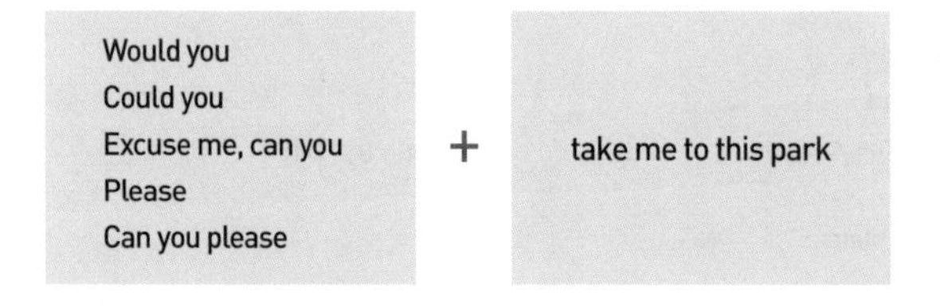

Show me ~.

'계산서를 달라'고 할 때 쓸 수 있는 표현이 p151에 나와있습니다. 'Show me the bill.'라는 표현인데, 여행지에서 굉장히 쉽게 사용할 수 있겠죠?
외국인들에게 'Show me the bill.'을 사용해도 계산서를 보여주겠지만, 'Show me~' 앞에 Would you, Could you, Excuse me, can you, Please, Can you please을 붙여 조금 더 공손하게 표현하면, 외국인들도 친절하게 계산서를 보여주지 않을까요?

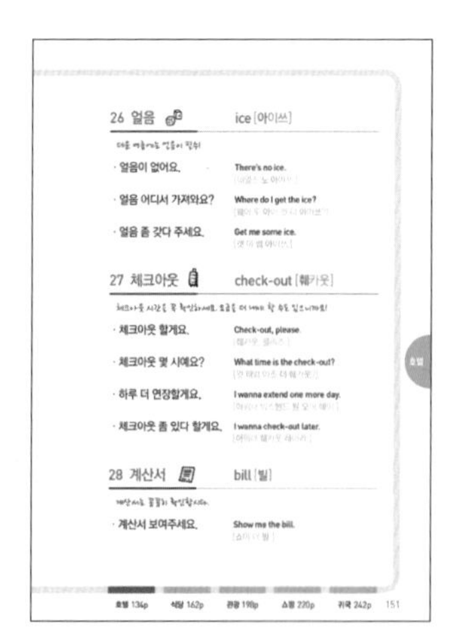

26 얼음 ice [아이쓰]

· 얼음이 없어요. There's no ice.

· 얼음 어디서 가져와요? Where do I get the ice?

· 얼음 좀 갖다 주세요. Get me some ice.

27 체크아웃 check-out [췌카웃]

· 체크아웃 할게요. Check-out, please.

· 체크아웃 몇 시예요? What time is the check-out?

· 하루 더 연장할게요. I wanna extend one more day.

· 체크아웃 좀 있다 할게요. I wanna check-out later.

28 계산서 bill [빌]

· 계산서 보여주세요. Show me the bill.

호텔 134p 식당 162p 관광 190p 쇼핑 220p 귀국 242p 151

Would you **show me the bill?**

Could you **show me the bill?**

Excuse me, can you **show me the bill?**

Please **show me the bill.**

Can you please **show me the bill?**

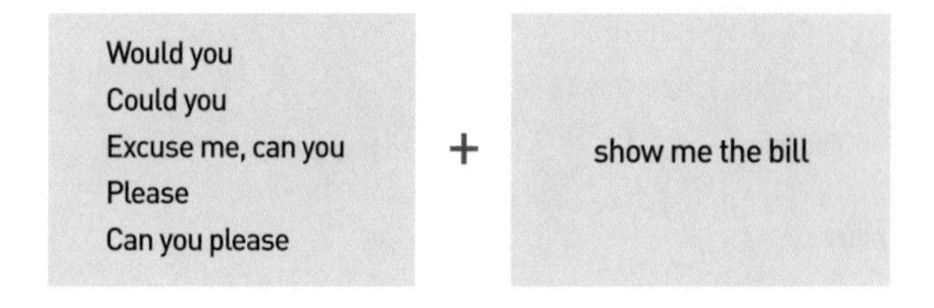

Help me ~.

낯선 여행지에서 도와달라는 말처럼 유용한 표현이 있을까요? p122에 'Help me~.'라는 표현이 나와 있어요. 도움을 받고자 할 때는 용감히 물어보는 것도 여행 잘하는 방법 중 하나죠? 발권기를 이용하고 싶은데 방법을 모를 때 자신 있게 'Help me use this machine.'을 외쳐도 아무런 문제는 없습니다. 하지만, 용기 있게 물으며 'Help me~' 앞에 Would you, Could you, Excuse me, can you, Please, Can you please을 붙여 공손함까지 더해진다면 외국인들은 한없는 친절함을 베풀어 줄 거예요.

- 기차역 여기서 멀어요? Is the train station far from here?
- 기차역으로 데려다 주세요. Take me to the train station.

03 매표소 ticket window [티켓 윈도우]

- 매표소 어디예요? Where is the ticket window?
- 매표소 어떻게 가요? How do I get to the ticket window?
- 매표소로 데려다 주세요. Take me to the ticket window.
- 표 살 거예요. I'm gonna buy a ticket.

04 발권기 ticket machine [티켓 머쉰]

- 발권기 어딨어요? Where is the ticket machine?
- 발권기 어떻게 써요? How do I use the ticket machine?
- 발권기 안 되는데요. The ticket machine is not working.
- 발권기 쓰는 것 좀 도와줘요. Help me use this machine.

122 기내 44p 공항 62p 거리 84p 택시&버스 100p 전철&기차 118p

Would you **help me use this machine?**

Could you **help me use this machine?**

Excuse me, can you **help me use this machine?**

Please **help me use this machine.**

Can you please **help me use this machine?**

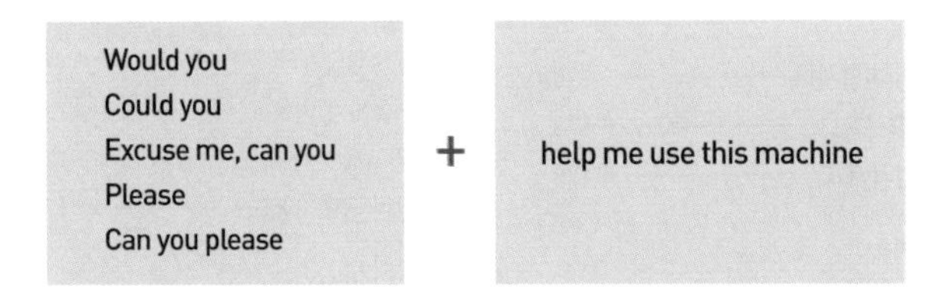

필요한 단어와 문장이 한글 순서로 제시되어 있다.
원하는 문장을 골라 뒤에서 찾아보자.

ㅂ

ㅅ

ㅊ

ㅍ

ㅎ

여권

■ 여권이란

여권은 소지자의 국적 등 신분을 증명하는 공문서의 일종으로, 1회에 한하여 외국 여행을 할 수 있는 단수 여권과 유효기간 만료일까지 횟수에 제한 없이 외국 여행을 할 수 있는 복수 여권이 있다.

■ 전자 여권이란

전자 여권이란 여권 내에 칩과 안테나를 추가하고 개인 정보 및 바이오인식 정보를 칩에 저장한 기계 판독식 여권을 말한다. 여권의 위 변조 및 여권 도용 방지를 위해 우리 나라는 2008년부터 일반 여권을 전자 여권 형태로 발급하고 있다.

■ 여권 발급

1. 필요한 서류

여권 발급 신청서, 여권용 사진(6개월 이내 촬영한 사진) 1매, 신분증

※여권 사진 규정

- 규격은 가로 3.5cm, 세로 4.5cm, 머리의 길이는 3.2~3.6cm
- 6개월 이내 촬영한 사진이어야 하며, 정면을 응시하며 어깨까지 나와야 한다.
- 뒤의 배경은 흰색이어야 한다.
- 복사한 사진, 포토샵으로 수정된 사진은 사용할 수 없다.
- 모자나 머플러 등의 액세서리는 착용해선 안 되고 안경 착용시 빛 반사에 유의해야 하며 컬러렌즈는 착용 불가하다.
- 귀가 노출되어 얼굴 윤곽이 뚜렷이 드러나야 한다.
- 유아의 경우도 성인 사진 규정과 동일하며, 장난감이나 보호자가 사진에 노출되지 않아야 한다.

2. 발급 수수료

구분	유효기간 및 조건		수수료
복수 여권	10년		53,000원
	5년	만8세 이상~18세 미만	45,000원
		만8세 미만	33,000원
단수 여권	1년 이내		20,000원

3. 접수처

시도구청 여권과에서 주소지와 상관 없이 발급받을 수 있으며 기간은 5~10일 정도 소요된다.

비자

■ 비자란

국가간 이동을 위해서는 원칙적으로 사증(입국 허가)이 필요하다. 사증을 받기 위해서는 상대국 대사관이나 영사관을 방문하여 방문국가가 요청하는 서류 및 사증 수수료를 지불해야 하며 경우에 따라서는 인터뷰도 거쳐야 한다.

■ 비자 없이 입국이 가능한 국가

비자 발급의 번거로움을 없애기 위해 사증 없이 입국할 수 있도록 협정을 체결하기도 한다.

90일	아시아	뉴질랜드, 말레이시아, 싱가폴, 태국, 홍콩, 일본, 대만, 마카오 등
	미주	멕시코, 베네수엘라, 브라질, 아이티, 우루과이, 자메이카, 칠레, 코스타리카, 콜롬비아, 페루, 과테말라, 도미니카, 아르헨티나 등
	유럽	영국, 이탈리아, 그리스, 스위스, 스페인, 네덜란드, 독일, 스웨덴, 핀란드, 룩셈부르크, 벨기에, 오스트리아, 체코, 포르투갈, 폴란드, 프랑스, 노르웨이, 덴마크, 아이슬랜드, 아일랜드, 터키, 헝가리, 슬로바키아, 루마니아, 불가리아, 러시아 등
	중동·아프리카	모로코, 세네갈, 튀니지 등
15일	베트남 등	
30일	필리핀, 팔라우, 오만, 라오스, 남아프리카공화국, 파라과이 등	
기타	북마리아나 연방(사이판, 45일), 피지(4개월), 캐나다(6개월)	

■ 비자를 발급받아야 입국이 가능한 국가

국가별로 비자를 발급 받는 시점도 다르고 수수료도 다르며 해당국의 사정에 따라 사전 고지 없이 변경될 수 있으므로, 여행 전 반드시 해당 국가 공관 홈페이지 등을 통해 내용을 확인해야 한다.

환전하기

■ 환율을 꼼꼼히 살펴보자.

환율은 하루에도 수십 번 바뀌기 때문에 타이밍이 중요하다. 은행들이 환율 변동 흐름을 수시로 파악하고 적정한 환전시점을 포착하는 데 도움을 주는 서비스를 무료로 제공하고 있다.

■ 주거래 은행에서 하자.

은행마다 우수고객에게 환전수수료를 싸게 해주는 환율 우대제도를 운영하고 있기 때문이다.

■ 인터넷 환전을 이용하자

인터넷 환전의 경우 수수료 할인이 높기 때문에 더 경제적이다.

■ 환율 우대율을 체크하자.

환율 우대율은 높을수록 경제적이다(금액과 화폐 종류에 따라 10%부터 최대 90%까지 우대를 받는다).

■ 소액 환전의 경우 환율 우대 비율이 큰 차이가 없다.

이럴 땐 그냥 평소 이용하던 은행 지점을 방문하거나 인터넷 환전을 이용한다.

■ 동전으로 환전하자.

외국 동전은 은행에서 취급하지 않기 때문에 여행객들이 다 못 쓰고 들여온 동전을 싸게 사서 저렴하게 판매한다.

■ 달러 엔화 유로화는 직접 환전, 그 외의 화폐는 달러로 환전 후 현지에 가서 환전하는 것이 유리하다.

이것은 원화에서 달러, 달러에서 현지화로 환전하는 과정에서 2번의 수수료가 붙기 때문이다.

■ 신용카드를 쓰는 것이 유리한 경우가 있다.

미국 유럽 호주 일본 등 전세계인들이 많이 쓰는 화폐를 쓰는 나라의 경우는 환전을 해가는 것이 유리하고 동남아 등 나머지 나라들은 신용카드를 쓰는 것이 유리하다.

짐 꾸리기

안전하고 즐거운 여행을 위해 꼭 필요한 짐과 불필요한 짐을 나눠 효율적으로 꾸리는 것이 좋다. 그런데 여행하는 곳이 국내가 아닌 해외라면 더 신경 써서 준비해야 할 것들이 많다.

■ 짐 싸기 노하우

수하물로 부칠 캐리어 1개, 휴대용 가방 1개를 준비한다.
무거운 짐은 아래쪽으로, 가벼운 짐은 위쪽으로 놓는다.
옷은 찾기 쉽게 말아서 넣는다.
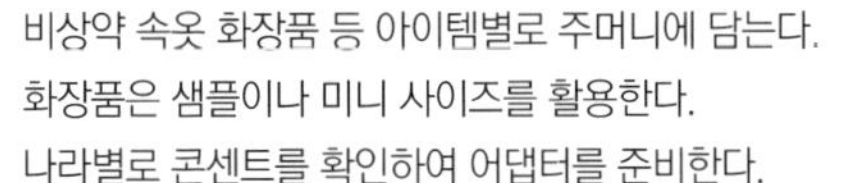
비상약 속옷 화장품 등 아이템별로 주머니에 담는다.
화장품은 샘플이나 미니 사이즈를 활용한다.
나라별로 콘센트를 확인하여 어댑터를 준비한다.

■ 수하물 준비 방법 및 유의 사항

-다용도 칼, 과도, 가위, 골프채 등은 휴대 제한 품목으로 분류되어 기내로 반입할 수 없으므로, 부칠 짐에 넣는다.

-라이터, 부탄가스 등 폭발 가능성이 있는 물건은 운송 제한 품목으로 항공기 운송이 금지되어 있어 짐으로 부칠 수 없다.

-파손되기 쉬운 물품이나 부패되기 쉬운 음식물, 악취 나는 물품 역시 부칠 수 없다.

■ 무료 수하물 허용량

여정, 좌석의 등급에 따라 짐의 크기 및 무게가 다르게 적용되므로 출발 전 조건에 맞는 무료 수하물 허용량을 확인하는 것이 좋다.

일반석의 경우 무게가 23kg 이내, 크기가 세 변의 합이 158cm 이내인 짐 2개를 무료로 맡길 수 있고 이를 초과할 경우 금액을 지불해야 한다.

■ 기내 반입 가능한 수하물의 크기와 무게

일반석의 경우 크기가 55 x 40 x 20(cm) 또는 세 변의 합이 115cm이하여야 하며, 무게는 12kg까지 가능하다. 개수는 이 외에 1개 추가 허용이 가능하다.

■ 여행 준비물 체크리스트

휴대용 가방

- ☐ 항공권
- ☐ 환전한 돈
- ☐ 시계
- ☐ 선글라스
- ☐ 필기구
- ☐ 휴대폰
- ☐ 여권 비자(복사본도 준비)
- ☐ 호텔정보 or 패키지 여행 일정
- ☐ 신용카드
- ☐ 썬크림 (여름이나 동남아 지역 여행시)
- ☐ 카메라

캐리어

- ☐ 카메라 충전기
- ☐ 콘센트 어댑터
- ☐ 수영복
- ☐ 속옷
- ☐ 슬리퍼 및 운동화
- ☐ 휴대용 화장품
- ☐ 여행용 화장품
- ☐ 휴대폰 충전기
- ☐ 비상약(두통약 해열제 감기약 모기약 등)
- ☐ 양말
- ☐ 트레이닝복 및 여벌옷
- ☐ 우산
- ☐ 세면도구
- ☐ 여행용 목욕 용품

출입국 수속 가이드

출국 절차

■ 공항 도착

항공기 출발 2시간 전에 도착하는 것이 좋으나 미주 유럽 지역 현지 출발 항공편을 이용할 경우 2시간 이상 소요될 수 있어 더 여유롭게 도착하는 것이 좋다.

■ 탑승 수속

항공기 출발 40분 전까지 탑승 수속을 마감해야 한다. 여권과 탑승권을 제출하여 예약을 확인한 후 좌석을 지정 받고 짐을 부친다.

■ 출국 수속

세관 신고	고가품 및 금지품목 소지여부를 신고하는 절차
보안 검색대	위험품 소지여부를 검사하는 절차
법무부	출입국 자격을 심사

■ 게이트 찾기

항공기 탑승	출국 수속을 마치면 면세 구역에서 쇼핑을 할 수 있고, 항공기 시간에 맞춰 게이트를 찾아가면 된다. 항공기 출발 30분 전에 탑승을 시작해서 출발 10분 전 마감한다.

입국 절차(현지)

■ 입국 수속

Immigration이 써있는 곳을 찾아간다. 기내에서 작성한 출입국 신고서를 제출한다.

■ 짐 찾기

항공편별로 짐을 찾아야 하는 곳을 전광판을 통해 알려주므로 잘 확인해야 한다.

■ 세관 신고

기내에서 작성한 세관 신고서를 제출한다.

출입국 신고서 세관신고서 작성하기

출입국 신고서와 세관신고서 양식과 항목은 나라마다 조금씩 상이하다. 공통적으로 나오는 항목의 단어들을 익숙하게 해두면 작성할 때 당황하지 않을 수 있다.

항목	뜻	작성 요령	예시
Family Name / Surname	성		
First Name and Middle Name	이름		
Sex	성별	Male(M) 남자 Female(F) 여자	
Country of birth / Nationality	출생 국가/ 국적	국가명을 적는다	KOREA
Citizenship	출생 도시	도시명 적는다	SEOUL
Date of Birth	생년월일	Y란에 연도, M란에 달, D란에 날짜 기입	1960년9월20일 → 20091960
Passport No.	여권 번호		
Place of issue	여권 발행 국가		KOREA
Date of issue	여권 발행 날짜	여권의 발행 날짜 기입	
Occupation	직업		
Address abroad	외국 주소	한국 거주지 주소 적으면 된다	
Address in the OO	OO내 상세 주소	호텔 이름만 적으면 된다	HILTON HOTEL
Port of last departure	최종 출발지	출발한 공항의 지역명을 적는다	인천 공항에서 출발했을 경우 → INCHEON
Arrival Flight No.	입국 비행기 편명		
Length of stay in the OO	체류 기간		20일 체류 → 20 DAYS
Main Purpose of Travel	방문 목적		Holiday(휴가), Visit Friend(친구 방문)
Number of visits to the OO	OO 방문 횟수		
Travel on Package tour	패키지 여행		
Signature	서명	본인의 자필 서명	

알아두면 좋은 기내 서비스

■ 코트룸 서비스

겨울에 동남아 같은 날씨가 무더운 지역을 여행해야 할 때 입고 온 옷을 여행할 동안 보관해주는 서비스이다. 항공사별로 요금과 날짜 등이 다르므로 해당 홈페이지에서 확인해야 한다.

■ 임산부 서비스

임산부들이 비행기를 이용할 때 항공사에서 제공해주는 서비스. 유기농 수면 양말, 스킨 케어 제품, 임산부용 차 등을 제공한다.

■ 유아 동반 고객 서비스

12개월 미만의 아기에게 액상 분유, 아기용 주스, 12개월 이상의 아기에게 이유식과 아기용 주스를 제공하고, 아기를 눕힐 수 있는 유아용 요람 등을 제공한다.

또한 임산부나 유아를 동반한 사람은 맨 앞 좌석을 우선적으로 주도록 배려해 주므로 탑승 수속을 일찍 하면 좀 더 편한 좌석에서 여행할 수 있다.

■ 특별 기내식 서비스

- 영아식 : 12개월 이하의 아기에게 제공되며 액상 분유, 아기용 주스가 있다.
- 유아식 : 12개월~24개월 이하의 아기에게 제공되며 이유식 및 아기용 주스가 있다.
- 아동식 : 만 2세 이상~만 12세 미만의 아동에게 제공되며 햄버거, 스파게티, 돈가스, 오므라이스 등이 있다.
- 야채식 : 육류와 생선류를 먹지 않는 사람들을 위해 야채식을 제공하며 계란 유제품을 포함하는 정도에 따라 다양하게 있다.
- 식사 조절식 : 체중 조절 중이거나 건강 상의 이유로 식사 조절을 해야 할 경우 저지방식, 당뇨식, 저열량식, 저염식 등을 제공한다.
- 케이크 : 생일과 허니문을 기념하기 위한 축하 케이크를 제공한다.

※유의 : 위의 항공사 서비스들은 미리 예약해야 하는 경우가 많고, 항공사마다 조금씩 다르니 각 항공사 홈페이지를 통해 알아보고 미리 예약을 해두자.

PART 01
기내에서

No.	단어	English	발음
01	좌석	seat	[씻]
02	이거	this	[디스]
03	안전벨트	seat belt	[씻 벨]
04	화장실	restroom	[퀘쓰룸]
05	변기	toilet	[토일렛]
06	화면	screen	[스크린]
07	불	light	[라잇]
08	휴지	napkin	[냅킨]
09	담요	blanket	[블랭킷]
10	헤드폰	headset	[헷쎗]
11	리모컨	remote control	[뤼못 컨트롤]
12	신문	newspaper	[뉴스페이퍼]
13	마실 것	drink	[드륑크]
14	간식거리	snack	[스낵]
15	식사	meal	[밀]
16	안대	eye patch	[아이팻취]
17	베개	pillow	[필로우]
18	슬리퍼	slippers	[슬리퍼스]
19	입국신고서	entry card	[엔트뤼 카드]
20	세관신고서	customs form	[커스텀스 폼]
21	펜	pen	[펜]
22	기내면세품	tax-free goods	[택스-프뤼 굿스]

빨리찾아 말하면 OK!

01 좌석 seat [씻]

가끔 내 자리에 누군가 앉아 있기도…

- 네 자리니? — Is this your seat? [이즈 디스 유어 씻?]
- 제 자리인데요. — This is my seat. [디스 이즈 마이 씻.]
- 제 자리 어딘가요? — Where is my seat? [웨어 이즈 마이 씻?]
- 제 자리 차지 마세요. — Don't kick my seat. [돈 킥 마이 씻.]

02 이거 this [디스]

눈 앞에 보이는 이것을 어떻게 해달라고 표현해 보자.

- 이거 뭐예요? — What is this? [왓 이즈 디스?]
- 이거 가져다 주세요. — Get me this. [겟 미 디스.]
- 이거 안 돼요. — This doesn't work. [디스 더즌 웍.]
- 이거 치워 주세요. — Take this away. [테익 디스 어웨이.]

· 이거 바꿔주세요. | Get me a different one.
[겟 미 어 디퍼런 원.]

· 이거로 할게요. | I will go with this one.
[아윌 고 윗 디스 원.]

03 안전벨트 — seat belt [씻 벨]

안전벨트를 매번 매라고 한다.

· 당신의 안전벨트를 매세요. — Fasten your seat belt.
[패쓴 유어 씻 벨.]

· 제 안전벨트를 못찾겠어요. — I can't find my seat belt.
[아이 캔 퐈인 마이 씻 벨.]

· 제 안전벨트가 헐렁해요. — My seat belt is loose.
[마이 씻 벨 이즈 루즈.]

· 제 안전벨트가 너무 타이트해요. — My seat belt is too tight.
[마이 씻 벨 이즈 투 타잇.]

04 화장실 — restroom [뤠쓰룸]

비행기에선 화장실이 어디 있냐고 묻지 않는다.

· 화장실이 더러워요. — The restroom is dirty.
[더 뤠쓰룸 이즈 더티.]

· 화장실 청소가 안 되었어요. — The restroom is not clean.
[더 뤠쓰룸 이즈 낫 클린.]

· 누가 화장실에 있나요? — Is someone in the restroom?
[이즈 썸원 인 더 뤠쓰룸?]

· 이거 화장실 줄인가요? Is this the line for the restroom?
[이즈 디스 더 라인 포 더 뤠쓰룸?]

05 변기 toilet [토일렛]

변기에 간다고 하지 않도록 주의!

· 물을 내리세요. Flush the toilet.
[플러쉬 더 토일렛.]

· 변기가 막혔어요. The toilet got clogged.
[더 토일렛 갓 클록드.]

06 화면 screen [스크린]

요즘 비행기엔 개인 화면이 거의 다 있다.

· 제 화면 한번 봐 주실래요? Could you take a look at my screen?
[쿠쥬 테이커 룩 앳 마이 스크린?]

· 화면이 안 나와요. My screen is not working.
[마이 스크린 이즈 낫 월킹.]
→ work는 된다/ 안 된다로 쓰인다

· 화면이 멈췄어요. My screen has frozen.
[마이 스크린 해즈 프로즌.]
→ 얼었다라는 표현을 사용한다

· 화면이 너무 밝아요. My screen is too bright.
[마이 스크린 이즈 투 브라잇.]

07 불 light [라잇]

평소에 안 하던 독서를 비행기에서…

· 불 어떻게 켜요?
How do I turn on the light?
[하우 두 아이 턴 온 더 라잇?]

· 불이 너무 밝아요.
The light is too bright.
[더 라잇 이즈 투 브라잇.]

· 불 좀 꺼주세요.
Please turn off the light.
[플리즈 턴 오프 더 라잇.]

08 휴지 napkin [냅킨]

tissue [티슈] 라고 해도 된다.

· 냅킨 좀 주세요.
Get me some napkins.
[겟미 썸 냅킨.]

· 냅킨 좀 더 주세요.
Get me some more napkins.
[겟미 썸 모어 냅킨.]

09 담요 blanket [블랭킷]

때로 숙박을 해결해야 하는 기내에서 담요는 필수!

· 저 담요 없어요.
I got no blanket.
[아이 갓 노 블랭킷.]

· 담요 가져다 주세요.
Get me a blanket.
[겟 미 어 블랭킷.]

· 저 담요 하나만 더 주세요.
Could you get me another blanket?
[쿠쥬 겟 미 어나덜 블랭킷?]
↳ 하나 있으니 좀 더 공손하게 물어보자

10 헤드폰 headset [헷쎗]

영화 볼 때, 음악 들을 때 필수!

- 헤드폰 가져다 주세요. — Get me a headset. [겟 미 어 헷쎗.]
- 헤드폰이 안 되는데요. — My headset is not working. [마이 헷쎗 이즈 낫 웕킹.]
- 어디다 꽂아요? (잭을 보여주며). — Where does this go? [웨어 더즈 디스 고?]
- 저 이거 가져도 돼요? — Can I keep it? [캔 아이 킵 잇?]

11 리모컨 remote control [뤼못 컨트롤]

리모컨이 잘 안 되면, 바로 바꿔달라고 얘기하세요~

- 리모컨 가져다 주세요. — Get me a remote control. [겟 미 어 뤼못 컨트롤.]
- 리모컨이 안 되는데요. — My remote control is not working. [마이 뤼못 컨트롤 이즈 낫 웕킹.]
- 리모컨 다른 걸로 갖다 주세요. — Get me another remote control. [겟 미 어나더 뤼못 컨트롤.]

12 신문 newspaper [뉴스페이퍼]

평소엔 읽지 않던 신문을 비행기에서…

- 신문 좀 갖다 주세요. — Get me a newspaper. [겟 미 어 뉴스페이퍼.]

· 한국 신문 있어요?

Do you have Korean newspapers?
[두 유 햅 코뤼안 뉴스페이퍼스?]

· 스포츠 신문 있어요?

Do you have sports newspapers?
[두 유 햅 스포츠 뉴스페이퍼스?]

13 마실 것 drink [드링크]

목 마르면 언제든지 더 달라고 얘기하세요.

· 마실 거 좀 주세요.

Get me something to drink.
[겟 미 썸띵 투 드링크.]

· 물 좀 주세요.

Get me some water.
[겟 미 썸 워러.]

· 오렌지 주스 좀 주세요.

Get me some orange juice.
[겟 미 썸 오륀지 주스.]

· 콜라 좀 주세요.

Get me some Coke.
[겟 미 썸 콕.]

· 사이다 좀 주세요.

Get me some Sprite.
[겟 미 썸 스프라잇.]

· 녹차 좀 주세요.

Get me some green tea.
[겟 미 썸 그륀티.]

· 커피 좀 주세요.

Get me some coffee.
[겟 미 썸 커퓌.]

· 맥주 좀 주세요.

Get me some beer.
[겟 미 썸 비어.]

· 와인 좀 주세요.

Get me some wine.
[겟 미 썸 와인.]

14 간식거리 snack [스낵]

혹시 견과류 드시고 싶으세요? nuts [넛츠] 달라고 말씀해 주세요!

· 간식거리 좀 있나요?
You got some snacks?
[유 갓 썸 스낵스?]

· 땅콩 좀 더 주세요.
Get me some more peanuts.
[겟 미 썸 모어 피넛츠.]

· 프레즐 좀 더 주세요.
Get me some more pretzels.
[겟 미 썸 모어 프뤳젤스.]

· 쿠키 좀 주세요.
Get me some cookies.
[겟 미 썸 쿠키스.]

15 식사 meal [밀]

어디에서든 먹는 게 가장 중요하죠.

· 식사가 언제인가요?
When is the meal?
[웬 이즈 더 밀?]

· 식사가 뭐인가요?
What do you have for the meal?
[왓 두 유 햅 포더 밀?]

· 식사 나중에 할게요.
I'll have my meal later.
[아윌 햅 마이 밀 레이러.]

· 지금 저 식사 할게요.
I'll have my meal now.
[아윌 햅 마이 밀 나우.]

· 밥 남는 거 있어요?
Do you have leftovers?
[두 유 햅 레프트오버스?]

16 안대   eyepatch [아이팻취]

잠을 청하는 데에는 안대가 최고!

- 안대 있어요?   Do you have an eyepatch? [두 유 해번 아이팻취?]
- 이 안대 불편해요.   This eyepatch isn't comfy. [디스 아이팻취 이즌트 콤퓌.]
- 다른 안대 갖다 주세요.   Get me another eyepatch. [겟 미 어나덜 아이팻취.]

17 베개   pillow [필로우]

베개가 없다고 하면 쿠션이라도 달라고 해봅시다!

- 베개 있어요?   Do you have a pillow? [두 유 해버 필로우?]
- 이 베개 불편해요.   This pillow isn't comfy. [디스 필로우 이즌트 콤퓌.]
- 다른 베개 갖다 주세요.   Get me another pillow. [겟 미 어나덜 필로우.]

18 슬리퍼   slippers [슬리퍼스]

답답한 기내에서 발이라도 편하게 해주자.

- 슬리퍼 있어요?   Do you have slippers? [두 유 햅 슬리퍼스?]

· 이 슬리퍼 불편해요.

These slippers are not comfy.
[디즈 슬리퍼스 알 낫 컴퓌.]

19 입국신고서 entry card [엔트뤼 카드]

immigration form [이미그뤠이션 폼] 이라고도 한다.

· 입국신고서 작성 좀 도와 줘요.

Help me with this entry card.
[헬 미 윗 디스 엔트뤼 카드.]

· 입국신고서 한 장 더 줘요.

Please get me one more entry card.
[플리즈 겟 미 원모 엔트뤼 카드.]

20 세관신고서 customs form [커스텀스 폼]

customs declaration form [커스텀스 디클레뤠이션 폼] 이라고도 한다.

· 세관신고서 작성 좀 도와 줘요.

Help me with this customs form.
[헬 미 윗 디스 커스텀스 폼.]

· 세관신고서 한 장 더 줘요.

Please get me one more customs form.
[플리즈 겟 미 원모 커스텀스 폼.]

21 펜 pen [펜]

입국 신고서 쓸 때 펜이 없어 난감하다면?

· 펜 좀 빌려주시겠어요?

Can I borrow a pen?
[캐나이 버뤄우 어 펜?]

· 이 펜 안 나와요.

This pen doesn't work.
[디스 펜 더즌 웕.]

· 다른 펜으로 주세요.

Get me another pen.
[겟 미 어나더 펜.]

22 기내면세품 tax-free goods [택스-프뤼 굿스]

깜빡하고 빠뜨린 선물 있으면 이용하세요.

· 기내면세품 좀 보여줘요.

Show me some tax-free goods.
[쇼미 썸 택스-프뤼 굿스.]

· 신용카드 되나요?

Do you take credit cards?
[두 유 테익 크뤠딧 카드?]

· 원화 되나요?

Do you take Korean money?
[두 유 테익 코뤼안 머니?]

- 좌석 찾아가기 -

Hello, madam.
I've got a window seat for you in 15A, it's just a couple of rows in front. Would that be okay for you?

안녕하세요, 손님
손님을 위해 15A 창가 좌석을 구했어요, 앞쪽으로 두어 줄 만 가시면 돼요. 그 자리면 괜찮으시겠어요?

Any window seat will be fine. Thanks.

창가 좌석이기만 하면 돼요. 고마워요.

Do you need any help with your bags?

가방 들어드릴까요?

Oh, thank you.

오, 고마워요.

위급상황 필요한 단어

두통	headache [헤드에잌]	으슬으슬	cold [콜드]
복통	stomachache [스타믹에잌]	아파요	sick [씩]
어지러움	dizzy [디지]	비행기멀미	airsick [에어씩]

빨리찾아 말하면 OK!

· 저 두통 있는 것 같아요.
I think I have a headache.
[아이 띵크 아이 해버 헤드에익.]

· 두통약 좀 주세요.
Get me some aspirin.
[겟 미 썸 애스피륀.]

· 저 복통 있는 것 같아요.
I think I have a stomachache.
[아이 띵크 아이 해버 스타믹에익.]

· 복통약 좀 주세요.
Get me some pills for my stomachache.
[겟 미 썸 필스 포 마이 스타믹에익.]

· 저 어지러워요.
I feel dizzy.
[아이 퓔 디지.]

· 저 으슬으슬해요.
I feel cold.
[아이 퓔 콜드.]

· 저 아파요.
I feel sick.
[아이 퓔 씩.]

· 저 멀미나요.
I feel airsick.
[아이 퓔 에어씩.]

까칠한 여행영어

- On United Airlines -

What's this smell?

앗! 이게 무슨 냄새지?

His feet smell so bad!
What am I gonna do?

발냄새가…
이걸 어떻게 말하지?

참지 마세요! 할말은 합시다!

Don't bear it!

His feet smell too bad.
발냄새가 너무 심해요.

He snores too loudly.
코를 심하게 골아요.

I can't sleep. It's too loud.
시끄러워서 잠을 잘 수가 없어요.

PART 02

공항에서

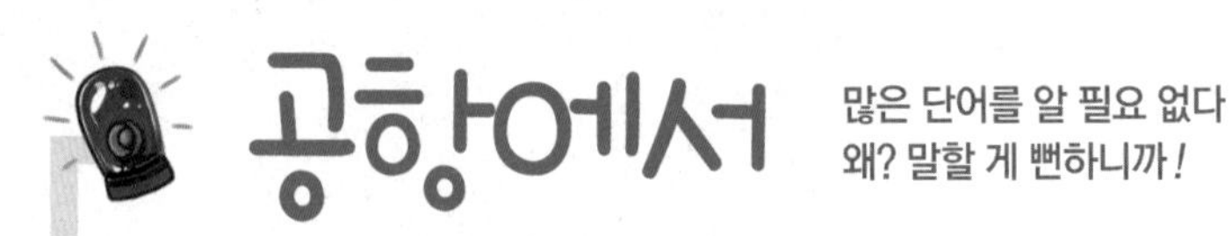

No.	한국어	English	발음
01	환승	transit	[트랜짓]
02	게이트	gate	[게잇]
03	탑승	boarding	[보딩]
04	연착	delay	[딜레이]
05	다음 비행편	next flight	[넥쓰 플라잇]
06	대기	wait	[웨잇]
07	대기장소	lounge	[라운쥐]
08	레스토랑	restaurant	[뤠스토란]
09	면세점	duty-free shop	[듀티-프리 샵]
10	화장실	restroom	[뤠쓰룸]
11	출입국 관리소	immigration	[이미그뤠이션]
12	외국인	international	[인터내셔널]
13	통역사	interpreter	[인터프뤠터]
14	지문	fingerprint	[핑거프륀]
15	왕복 티켓	return ticket	[뤼턴 티켓]
16	여기 왜 왔냐면요	I'm here on	[암 히어 온]
17	여기 묵을 거예요	I'm staying at	[암 스테잉 앳]
18	얼마 동안 있을 거예요	I'm here for	[암 히어 포]
19	수하물 찾는 곳	baggage claim	[배기쥐 클레임]
20	카트	trolley	[트뤌리]
21	분실	missing	[미씽]
22	제 거예요	mine	[마인]

23 신고 declare [디클레어]

24 선물 gift [기프트]

25 한국 음식 Korean food [코뤼안 푸드]

26 출구 exit [엑싯]

27 여행안내소 information center [인포메이션 센터]

28 환전 money exchange [머니 익스췌인지]

29 택시 taxi [택씨]

30 셔틀버스 shuttle bus [쎠를 버스]

31 제일 가까운 the nearest [더 니어뤼스트]

빨리찾아 읽으세요

01 환승 transit [트렌짓]

환승하는 비행기는? connecting flight [커넥팅 플라잇] 이라고도 합니다.

· 저 환승 승객인데요. I'm a transit passenger.
[암 어 트렌짓 패씬저.]

· 환승라운지 있나요? Is there a transit lounge?
[이즈 데어러 트렌짓 라운쥐?]

· 경유해서 뉴욕으로 가요. I'm a transit passenger to New York.
[암 어 트렌짓 패씬저 투 뉴욕.]

02 게이트 gate [게잇]

비행기 탑승할 땐 'gate'와 숫자만 따라가면 된다.

· 제 게이트를 못 찾겠어요. I can't find my gate.
[아이 캔 퐈인 마이 게잇.]

· 2번 게이트는 어디에 있어요? Where is gate number two?
[웨어 이즈 게잇 넘버 투?]

TIP 탑승권에서 자신이 가야 할 게이트 숫자를 확인하고, gate[게잇] 뒤에 숫자를 붙여 주세요. 숫자를 말하기 어려우면 탑승권을 직원에게 보여주며, Where is this gate? [웨어 이즈 디스 게잇?]이라고 해요.

03 탑승 boarding [보딩]

탑승 시간 전에 미리미리 도착해 있자!

· 탑승 언제 해요? When does the boarding start?
[웬 더즈 더 보딩 스타트?]

· 탑승하려면 얼마나 기다려요?
How long do I need to wait to board?
[하우 롱 두 아이 니투 웨잇 투 보드?]

04 연착 delay [딜레이]

비행이 많아 바쁜 공항에서는 연착이 빈번히 일어날 수도 있다.

· 제 비행기 연착됐어요?
Is my flight delayed?
[이즈 마이 플라잇 딜레이드?]

· 왜 연착됐어요?
Why is my flight delayed?
[와이 이즈 마이 플라잇 딜레이드?]

· 언제까지 기다려요?
How long do I have to wait?
[하우 롱 두 아이 햅투 웨잇?]

05 다음 비행편  next flight [넥쓰 플라잇]

환승하는 비행기를 다음 비행편이라고 하기도 한다.

· 다음 비행기는 그럼 언제예요?
When is the next flight?
[웬 이즈 더 넥쓰 플라잇?]

· 다음 비행편은 어떤 항공사예요?
Which airline is the next flight?
[위치 에얼라인 이즈 더 넥쓰 플라잇?]

· 다음 비행편은 얼마예요?
How much is the next flight?
[하우 머취 이즈 더 넥쓰 플라잇?]

· 오래 기다렸으니까 좌석 업그레이드 해줘요.
I waited for so long. Get me an upgrade.
[아이 웨이리드 포 쏘 롱. 겟 미 언 업그레이드.]

06 대기 wait [웨잇]

대기해야 할 때가 제일 싫어요.

· 얼마나 대기해요? How long do I wait? [하우 롱 두 아이 웨잇?]

· 어디서 대기해요? Where do I wait? [웨어 두 아이 웨잇?]

· 대기하는 동안 나갈 수 있어요? Can I go outside while waiting? [캐나이 고 아웃싸이드 와일 웨이링?]

07 대기장소 lounge [라운쥐]

어디서 좀 쉬자.

· 대기장소 어디예요? Where is the waiting lounge? [웨어 이즈 더 웨이링 라운쥐?]

· 인터넷 할 수 있는 곳 어디예요? Where is the Internet lounge? [웨어 이즈 더 인터넷 라운쥐?]

· 비즈니스 라운지 어디예요? Where is the business lounge? [웨어 이즈 더 비즈니스 라운쥐?]

· 스타얼라이언스 라운지 어디예요? Where is the Star Alliance lounge? [웨어 이즈 더 스타얼라이언스 라운쥐?]

08 레스토랑  restaurant [뤠스토란]

기내식 너무 적게 줘서 배고프시죠?

· 레스토랑 어디예요? Where is the restaurant? [웨어 이즈 더 뤠스토란?]

· 한국 레스토랑 있어요? Is there a Korean restaurant?
[이즈 데어 어 코뤼안 뤠스토란?]

· 커피샵 어디 있어요? Where is the coffee shop?
[웨어 이즈 더 커피 샵?]

· 간단한 걸로 주세요. I'll have something light.
[아윌 햅 썸띵 라잇.]

· 오래 걸려요? Does it take long?
[더짓 테익 롱?]

09 면세점 duty-free shop [듀티-프리 샵]

싸다고 과소비는 금물!

· 면세점 어디예요? Where are the duty-free shops?
[웨어 아 더 듀티-프리 샵스?]

· 면세점 멀어요? Is the duty-free shop far from here?
[이즈 더 듀티-프리 샵 파 프롬 히어?]

· 화장품 어디 있어요? Where are the cosmetics?
[웨어 아 더 커스매틱스?]

· 선물할 거예요. This is a gift.
[디스 이즈 어 기프트.]

10 화장실 restroom [뤠쓰룸]

볼 일이 급할 때 말 안 통하면 낭패!

· 화장실 어디 있어요? Where is the restroom?
[웨어 이즈 더 뤠쓰룸?]

· 화장실은 밖으로 나가야 있나요? Is the restroom outside?
[이즈 더 뤠쓰룸 아웃싸이드?]

· 화장실 라운지 안에는 없어요? Is there a restroom inside the lounge?
[이즈 데어 어 뤠쓰룸 인싸이더 라운쥐?]

11 출입국 관리소 immigration [이미그뤠이션]

어딘지 모르면 'immigration' 표지판을 찾아가세요.

· 출입국 관리소 어디로 가요? Where is the immigration?
[웨어 이즈 디 이미그뤠이션?]

· 입국심사대 어디로 가요? Where is the immigration?
[웨어 이즈 디 이미그뤠이션?]

12 외국인 international [인터내셔널]

어딘지 모르면 'international' 표지판을 찾아가세요.

· 이게 외국인 줄인가요? Is this a line for internationals?
[이즈 디스 어 라인 포 인터내셔널스?]

· 이게 외국인 줄인가요? Is this a line for foreigners?
[이즈 디스 어 라인 포 포리너스?]

13 통역사 interpreter [인터프뤠터]

도저히 못 알아듣겠네! 통역사를 불러줘요!

· 한국인 통역사 불러주세요. Can you get me a Korean interpreter?
[캔 유 겟 미 어 코뤼안 인터프뤠터?]

· 못 알아 듣겠어요. I don't understand.
[아이 돈 언더스탠.]

· 천천히 말씀해 주세요. Can you speak slowly?
[캔 유 스픽 슬로울리?]

· 다시 한번 말씀해 주세요. One more time, please.
[원 모 타임, 플리즈.]

14 지문 fingerprint [핑거프륀]

지문까지… 여행 한 번 가기 참 힘드네요!

· 지문 여기다 갖다 대세요. Put your fingerprint here.
[풋 유어 핑거프륀 히어.]

· 오른쪽 손이요? My right hand?
[마이 롸잇 핸?]

· 왼쪽 손이요? My left hand?
[마이 레프트 핸?]

15 왕복 티켓 return ticket [뤼턴 티켓]

'나 여기 안 눌러 있어요!' 라는 증거 제출의 시간!

· 왕복 티켓 보여주세요. Show me your return ticket.
[쇼 미 유어 뤼턴 티켓.]

· 왕복 티켓 있으세요? Do you have your return ticket?
[두 유 햅 유어 뤼턴 티켓?]

· 네, 여기 제 왕복 티켓이요. Yes. Here is my return ticket.
[예스. 히어 이즈 마이 뤼턴 티켓.]

16 여기 왜 왔냐면요? I'm here on [암 히어 온]

자신 있게 대답하세요!

· 휴가 보내러 왔어요. I'm here on a vacation.
[암 히어 온 어 붸케이션.]

· 출장 때문에 왔어요. I'm here on a business trip.
[암 히어 온 어 비즈니스 트륍.]

· 관광하러 왔어요. I'm here for sightseeing.
[암 히어 포 싸잇씨잉.]

17 여기 묵을 거예요 I'm staying at [암 스테잉 앳]

주소가 준비되지 않은 분들! 그냥 아무 호텔이나 검색하셔서 주소 제출하세요~

· 호텔에 묵을 거예요. I'm staying at a hotel.
[암 스테잉 애러 호텔.]

· 게스트 하우스에 묵을 거예요. I'm staying at a guest house.
[암 스테잉 애러 게스트 하우스.]

· 친척 집에 묵을 거예요. I'm staying at my relatives.
[암 스테잉 앳 마이 뤨레티브스.]

TIP 요즘 현지의 빈 집을 인터넷을 통해 빌려주는 Airbnb 사이트 많이 사용하시죠? 입국 심사 시 굳이 설명할 필요 없이, 친구 집에 머문다고 하시면 됩니다.

18 여기 얼마 동안 있을 거예요 I'm here for [암 히어 포]

I'm here for 뒤에 숫자만 붙이면 끝!

· 3일 동안 있을 거예요. I'm here for three days.
[암 히어 포 뜨뤼 데이즈.]

· 1주일 동안 있을 거예요 — I'm here for a week.
[암 히어 포러 윅.]

· 2주일 동안 있을 거예요. — I'm here for two weeks.
[암 히어 포 투 윅스.]

· 한 달 동안 있을 거예요. — I'm here for a month.
[암 히어 포러 몬쓰.]

19 수하물 찾는 곳 baggage claim [배기쥐 클레임]

짐 찾으려면 'baggage claim' 표지판 찾아가세요.

· 수하물 어디서 찾아요? — Where do I find my baggage?
[웨어 두 아이 파인 마이 배기쥐?]

· 수하물 찾는 곳이 어디예요? — Where is the baggage claim?
[웨어 이즈 더 배기쥐 클레임?]

· 수하물 찾는 곳으로 데려가 주세요. — Please take me to the baggage claim.
[플리즈 테익 미 투 더 배기쥐 클레임.]

20 카트 trolley [트뤌리]

산더미 같은 짐도 카트 하나면 끝!

· 카트 어딨어요? — Where is the trolley?
[웨어 이즈 더 트뤌리?]

· 카트 공짜예요? — Is a trolley free?
[이저 트뤌리 프뤼?]

· 카트 고장났나봐요. — I think my trolley is not working.
[아이 띵크 마이 트뤌리 이즈 낫 월킹.]

· 카트가 없는데요. — There is no trolley.
[데어 이즈 노 트뤌리.]

21 분실 missing [미씽]

똑같이 생긴 가방이 너무 많아요.

· 제 짐이 없는데요.
My baggage is missing.
[마이 배기쥐 이즈 미씽.]

· 제 짐이 안 나왔어요.
My baggage hasn't come out yet.
[마이 배기쥐 해즌 컴 아웃 옛.]

· 제 짐을 분실했나봐요.
I think I've lost my baggage.
[아이 띵크 아입 러스트 마이 배기쥐.]

22 제 거예요 mine [마인]

가방 바뀌면 ... 정말 큰 일!

· 이 가방 제 거예요.
This bag is mine.
[디스 백 이즈 마인.]

· 이 카트 제 거예요.
This trolley is mine.
[디스 트뤌리 이즈 마인.]

23 신고 declare [디클레어]

의심받을 만한 물건은 가져가지 않는 게 제일 편해요.

· 신고할 물건 없어요.
I have nothing to declare.
[아이 햅 낫띵 투 디클레어.]

· 신고할 물건 있어요.
I have something to declare.
[아이 햅 썸띵 투 디클레어.]

· 신고하려면 어디로 가죠?
Where do I go to declare?
[웨어 두 아이 고 투 디클레어?]

공항

24 선물 gift [기프트]

정성스럽게 준비한 선물! 사수합시다!

· 이건 선물할 거예요. These are the gifts. [디즈 아 더 기프트.]

· 이건 선물 받은 거예요. This is what I've got as a gift. [디스 이즈 왓 아브 갓 애저 기프트.]

· 선물로 산 거예요. I bought this as a gift. [아이 봇 디스 애저 기프트.]

25 한국 음식 Korean food [코뤼안 푸드]

한국 음식 없으면 못 사는 사람들 주목!

· 이거 한국 음식이에요. This is Korean food. [디스 이즈 코뤼안 푸드.]

· 김이에요. It's dried seaweed. [잇츠 드롸이드 씨위드.]

· 미숫가루예요. It's mixed-grain powder. [잇츠 믹쓰드 그뤠인 파우더.]

· 고추장이에요. It's chili paste. [잇츠 췰리 페이스트.]

· 김치예요. It's called kimchi. [잇츠 콜드 김치.]

· 이상한 거 아니에요. It's nothing weird. [잇츠 낫띵 위얼드.]

26 출구 — exit [엑싯]

고생하셨습니다! 얼른 나가서 여행을 시작해 볼까요?

· 출구 어디예요? — Where is the exit? [웨어 이즈 디 엑싯?]

· 출구는 어느 쪽이에요? — Which way is the exit? [위치 웨이 이즈 디 엑싯?]

· 출구를 못 찾겠어요. — I can't find the exit. [아이 캔 퐈인 디 엑싯.]

· 출구로 데려다 주세요. — Please take me to the exit. [플리즈 테익 미 투 디 엑싯.]

27 여행안내소  information center [인포메이션 센터]

패키지 여행이라도 지도 정도는 필요해.

· 여행안내소 어디예요? — Where is the information center? [웨어 이즈 디 인포메이션 센터?]

· 여행안내소로 데려다 주세요. — Take me to the information center. [테익 미 투 디 인포메이션 센터.]

· 지도 좀 주세요. — Please give me a map. [플리즈 김미 어 맵.]

· 한국어 지도 있어요? — You got a map in Korean? [유 가러 맵 인 코뤼안?]

28 환전 — money exchange [머니 익스췌인지]

환전은 역시 주거래은행에서 미리 하시는 게 좋은 듯…

· 환전하는데 어디예요?
Where is the money exchange?
[웨어 이즈 더 머니 익스췌인지?]

· 환전하는 데 데려다 주세요.
Take me to the money exchange.
[테익 미 투 더 머니 익스췌인지.]

· 환전하려고 하는데요.
I'd like to exchange money.
[아드 라익 투 익스췌인지 머니.]

· 잔돈으로 주세요.
Small bills, please.
[스몰 빌스, 플리즈.]

29 택시 — taxi [택씨]

가까운 거리라면 고생하지 말고 택시 이용합시다!

· 택시 어디서 탈 수 있어요?
Where do I get a taxi?
[웨어 두 아이 게러 택씨?]

· 택시 타는 데 데려다 주세요.
Take me to the taxi stand.
[테익 미 투 더 택씨 스탠드.]

· 택시 타면 비싼가요?
Is taking a taxi expensive?
[이즈 테이킹 어 택씨 익스펜시브?]

· 택시 타고 시내 가려고요.
I'm going downtown by taxi.
[암 고잉 다운타운 바이 택씨.]

· 택시 대신 뭐 탈 수 있어요?
What else can I take?
[왓 엘스 캐나이 테익?]

30 셔틀버스 shuttle bus [셔를 버스]

여러 명이라면 셔틀버스와 택시 중 어떤 것이 합리적인지 잘 결정하세요!

· 셔틀버스 어디서 타요? Where can I get a shuttle bus?
[웨어 캐나이 게러 셔를 버스?]

· 셔틀버스 몇 시에 출발해요? What time does the shuttle bus leave?
[왓 타임 더즈 더 셔를 버스 리브?]

· 이 셔틀버스 시내 가요? Does this shuttle bus go downtown?
[더즈 디스 셔를 버스 고 다운타운?]

· 셔틀버스 얼마예요? How much is the shuttle bus?
[하우 머취 이즈 더 셔를 버스?]

31 제일 가까운 the nearest [더 니어뤼스트]

나를 데려가 주오~

· 가까운 호텔이 어디죠? Where is the nearest hotel?
[웨어 이즈 더 니어뤼스트 호텔?]

· 가까운 레스토랑이 어디죠? Where is the nearest restaurant?
[웨어 이즈 더 니어뤼스트 뤠스토란?]

· 가까운 카페가 어디죠? Where is the nearest café?
[웨어 이즈 더 니어뤼스트 카페이?]

· 가까운 전철역이 어디죠? Where is the nearest subway station?
[웨어 이즈 더 니어뤼스트 썹웨이 스테이션?]

- 입국 심사하기 -

Hello, sir. May I see your passport and immigration form, please?

안녕하세요. 여권이랑 입국신청서 좀 보여주시겠어요?

Yes, here's my passport and immigration form.

네, 여기 제 여권과 입국신청서가 있습니다.

Your name is Kim Changmin?

이름이 김창민씨인가요?

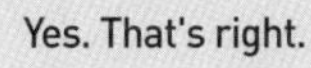

네. 맞아요.

What is your purpose for coming to the United States?

미국 방문 목적은 무엇인가요?

I'm here to study at a university. I have a student visa.

여기 대학에 공부하러 왔습니다. 학생비자를 가지고 있어요.

위급상황

필요한 단어

인터넷	internet [인터넷]	편의점	convenience store [컨비니언스 스토어]
현금지급기	ATM [에이티엠]	약국	drugstore [드럭스토어]
대여	rent [렌트]	흡연구역	smoking zone [스모킹 존]
전화	phone call [풘 콜]		

빨리찾아 말하면 OK!

· 인터넷 쓸 수 있는 데 있어요? Where can I use the internet?
[웨어 캐나이 유즈 디 인터넷?]

· 와이파이 터지는 데 있어요? Where can I use the WIFI?
[웨어 캐나이 유즈 더 와이파이?]

TIP 간혹 '와이파이'를 'Wireless Internet'[와이얼리스 인터넷]이라고 표기해 놓은 곳도 있어요!

· 현금지급기 어딨어요? Where is the ATM?
[웨어 이즈 디 에이티엠?]

· 휴대폰 대여하는 데 어디예요? Where can I rent a cell-phone?
[웨어 캐나이 뤤터 쎌폰?]

· 전화할 수 있는데 어디예요? Where can I make a phone call?
[웨어 캐나이 메이커 펀 콜?]

· 전화 좀 쓸 수 있을까요? Can I make a phone call, please?
[캐나이 메이커 펀 콜, 플리즈?]

· 편의점 어딨어요? Where is the convenience store?
[웨어 이즈 더 컨비니언스 스토어?]

· 약국 어딨어요? Where is the drugstore?
[웨어 이즈 더 드럭스토어?]

· 아스피린 있어요? Do you have aspirin?
[두유 햅 애스퓌린?]

· 생리통 약 있어요? Do you have pills for period?
[두유 햅 필스 포 피뤼오드?]

· 흡연구역 어디예요? Where is the smoking zone?
[웨어 이즈 더 스모킹 존?]

· 라이터 있으세요? Do you have a lighter?
[두유 해버 라이러?]

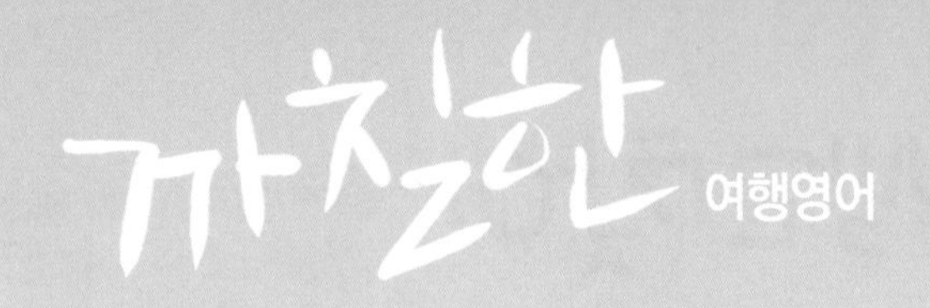

〈입국 심사대〉

- 5분 경과 -

That is me in the picture...

사진 속 사람 저 맞아요...

er...

하하...

여권사진이랑 조금 다르게 생겨서 그런가?

- 10분 경과 -

I had plastic surgery!
This is my picture!

성형 수술을 했어요!
내 사진이 맞다구요!

참지 마세요! 할말은 합시다!
Don't bear it!

I had plastic surgery.
성형 수술을 했어요.

This is my picture.
내 사진이 맞다구요.

The passport is mine.
그 여권은 제 거예요.

I lost my passport.
여권을 잃어버렸어요.

JULY
IV

PART 03

거리에서

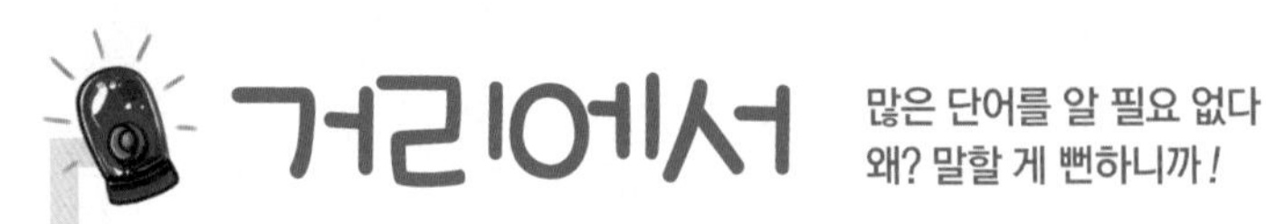

번호	한국어	English	발음
01	어딨어요	Where is	[웨어 이즈]
02	어떻게 가요	How do I go	[하우 두 아이 고]
03	길	way	[웨이]
04	찾아요	find	[퐈인드]
05	주소	address	[애드뤠쓰]
06	지도	map	[맵]
07	오른쪽	right	[롸잇]
08	왼쪽	left	[레프트]
09	구역	block	[블락]
10	거리	street	[스트륏]
11	모퉁이	corner	[코너]
12	골목	alley	[앨리]
13	횡단보도	crosswalk	[크뤄쓰웍]
14	걸어요	walk	[웍]
15	얼마나 걸려요	How long	[하우 롱]
16	고마워요	Thank you	[땡큐]

빨리찾아 말하면 OK!

01 어딨어요? Where is [웨어 이즈]

지도나 주소를 보여주면서 물어보는 센스!

· 여기 어딨어요?	Where is this? [웨어 이즈 디스?]
· 이 레스토랑 어딨어요?	Where is this restaurant? [웨어 이즈 디스 뤠스토란?]
· 이 백화점 어딨어요?	Where is this department store? [웨어 이즈 디스 디팟먼 스토어?]
· 이 박물관 어딨어요?	Where is this museum? [웨어 이즈 디스 뮤지엄?]
· 이 미술관 어딨어요?	Where is this art gallery? [웨어 이즈 디스 알트 갤러뤼?]
· 버스 정류장 어딨어요?	Where is the bus stop? [웨어 이즈 더 버스탑?]
· 전철역 어딨어요?	Where is the subway station? [웨어 이즈 더 썹웨이 스테이션?]
· 택시 정류장 어딨어요?	Where is a taxi stand? [웨어 이즈 어 택씨 스탠?]

02 어떻게 가요 How do I go [하우 두 아이 고]

표지판, 명함... 모든 수단을 동원해서...

· 여기 어떻게 가요?	How do I get here? [하우 두 아이 겟 히어?]

· 저기 어떻게 가요?
How do I go there?
[하우 두 아이 고 데어?]

· 이 주소로 어떻게 가요?
How do I go to this address?
[하우 두 아이 고 투 디스 애드뤠쓰?]

· 이 건물 어떻게 가요?
How do I go to this building?
[하우 두 아이 고 투 디스 빌딩?]

· 이 레스토랑 어떻게 가요?
How do I go to this restaurant?
[하우 두 아이 고 투 디스 뤠스토란?]

· 이 박물관 어떻게 가요?
How do I go to this museum?
[하우 두 아이 고 투 디스 뮤지엄?]

· 버스 정류장 어떻게 가요?
How do I go to the bus stop?
[하우 두 아이 고 투 더 버스탑?]

· 전철역 어떻게 가요?
How do I go to the subway station?
[하우 두 아이 고 투 더 썹웨이 스테이션?]

· 택시 정류장 어떻게 가요?
How do I go to the taxi stand?
[하우 두 아이 고 투 더 택씨 스탠?]

03 길 way [웨이]

내가 가는 이 길이 어디로 가는지~ 알 수 없지만, 알 수 없지만~

· 이 길이 맞아요?
Is this the right way?
[이즈 디스 더 롸잇 웨이?]

· 길 좀 알려줄 수 있어요?
Can you show me the way?
[캔 유 쇼미 더 웨이?]

· 이 방향이 맞아요?
Is this the right direction?
[이즈 디스 더 롸잇 디뤡션?]

· 이 길이 아닌 것 같아요.
I think it's the wrong way.
[아이 띵크 잇츠 더 뤙 웨이.]

04 찾아요 find [파인드]

look for [룩 포] 로 바꾸어 쓰셔도 됩니다!

· 저 여기 찾아요. I gotta find this. [아 가라 파인 디스.]

· 이 주소 찾아요. I gotta find this address. [아 가라 파인 디스 애드뤠쓰.]

· 이 레스토랑 찾아요. I gotta find this restaurant. [아 가라 파인 디스 뤠스토란.]

· 버스 정류장 찾아요. I gotta find a bus stop. [아 가라 파인더 버스탑.]

· 택시 정류장 찾아요. I gotta find a taxi stand. [아 가라 파인더 택씨 스탠.]

· 전철역 찾아요. I gotta find a subway station. [아 가라 파인더 썹웨이 스테이션.]

05 주소 address [애드뤠쓰]

미국의 경우, '번지'가 주소 제일 앞에 온답니다.

· 이 주소 어디예요? Where is this address? [웨어 이즈 디스 애드뤠쓰?]

· 이 주소 어떻게 가요? How do I get to this address? [하우 두 아이 겟 투 디스 애드뤠쓰?]

· 이 주소 아세요? You know this address? [유 노 디스 애드뤠쓰?]

· 이 주소로 데려다 주세요. Take me to this address. [테익 미 투 디스 애드뤠쓰.]

06 지도 map [맵]

업데이트가 빠른 스마트폰 지도도 활용해 보세요!

· 이 지도가 맞아요? Is this map right? [이즈 디스 맵 롸잇?]

· 지도의 여기가 여기인가요? Is this the location on the map? [이즈 디스 더 로케이션 온 더 맵?]

· 지도 좀 그려줘요. Please draw me a map. [플리즈 드로 미 어 맵.]

07 오른쪽 right [롸잇]

길은 straight, right, left 중 하나!

· 오른쪽으로 가요. Go right. [고 롸잇.]

· 오른쪽 모퉁이를 돌아요. Go right at the corner. [고 롸잇 앳 더 코너.]

· 오른쪽으로 계속 가요. Go straight to the right. [고 스트뤠잇 투 더 롸잇.]

· 오른쪽 건물이에요. It's the building on the right. [잇츠 더 빌딩 온 더 롸잇.]

08 왼쪽 left [레프트]

오른쪽 배웠다면 왼쪽!

· 왼쪽으로 가요. Go left. [고 레프트.]

· 왼쪽 모퉁이를 돌아요. Go left at the corner.
[고 레프트 앳 더 코너.]

· 왼쪽으로 계속 가요. Go straight to the left.
[고 스트뤠잇 투 더 레프트.]

· 왼쪽 건물이에요. It's the building on the left.
[잇츠 더 빌딩 온 더 레프트.]

09 구역 block [블락]

block? 그냥 건물이 모여있는 하나의 땅 덩어리일 뿐!

· 이 구역을 돌아서 가요. Go around this block.
[고 어롸운 디스 블락.]

· 두 개 더 가야 돼요. You gotta go two more blocks.
[유 가라 고 투 모어 블락.]

· 하나 더 가야 돼요. You gotta go one more block.
[유 가라 고 원 모어 블락.]

· 이 구역을 따라 쭉 내려 가요. Go straight down this block.
[고 스트뤠잇 다운 디스 블락.]

· 그 빌딩은 다음 구역에 있어요. The building is on the next block.
[더 빌딩 이즈 온 더 넥스 블락.]

10 거리 street [스트륏]

road [로드] 라고도 합니다.

· 5번 거리 어디예요? Where is 5th street?
[웨어 이즈 피프쓰 스트륏?]

· 5번 거리로 데려다 줘요. Take me to 5th street.
[테익 미 투 피프쓰 스트륏.]

· 이 거리를 따라 쭉 내려가요.

Go straight down this street.
[고 스트뤠잇 다운 디스 스트륏.]

· 이 다음 거리에 있어요.

It's on the next street.
[잇츠 온 더 넥스트륏.]

11 모퉁이 corner [코너]

때로는 corner [코너] 를 생략하고, go around [돌아가다] 라고 표현하기도 해요.

· 이 모퉁이를 돌면 있어요.

It's around the corner.
[잇츠 어롸운 더 코너.]

· 여기 돌면 있다고 했는데…

I've heard that it's around the corner.
[아브 헐 댓 잇츠 어롸운 더 코너.]

· 여기 돌면 이 건물이 있어요?

Is there this building around the corner?
[이즈 데어 디스 빌딩 어롸운 더 코너?]

· 여기 말고 다음 모퉁이예요.

Not this corner, around the next corner.
[낫 디스 코너, 어롸운 더 넥스 코너.]

12 골목 alley [앨리]

어디서든 골목 조심!

· 이 골목으로 들어가요?

Should I go into this alley?
[슈다이 고 인투 디스 앨리?]

· 이 골목으로 들어가요.

Go into this alley.
[고 인투 디스 앨리.]

· 이 골목은 아니에요.

Not this alley.
[낫 디스 앨리.]

· 다음 골목이에요. It's the next alley.
[잇츠 더 넥스앨리.]

· 이 골목은 위험해요. This alley is dangerous.
[디스 앨리 이즈 댕저뤄스.]

13 횡단보도 crosswalk [크뤄쓰웍]

아무리 급해도 무단 횡단하지 말자.

· 횡단보도 어디예요? Where is the crosswalk?
[웨어 이즈 더 크뤄쓰웍?]

· 횡단보도 멀어요? Is the crosswalk far from here?
[이즈 더 크뤄쓰웍 퐈 프롬 히어?]

· 횡단보도 어떻게 가요? How do I get to the crosswalk?
[하우 두 아이 겟 투 더 크뤄쓰웍?]

· 여기서 건너야 돼요. You gotta cross here.
[유 가라 크뤄쓰 히어.]

14 걸어요 walk [웍]

정처 없이 걷다 보면 지도에 나와있지 않은 새로운 곳을 발견할 수도!

· 여기서 걸어갈 수 있어요? Can I walk from here?
[캐나이 웍 프롬 히어?]

· 얼마나 걸어요? How long should I walk for?
[하우 롱 슈다이 웍 포?]

· 뛰어서 가면요? How about running?
[하워바웃 뤄닝?]

· 걷기 싫은데 뭐 타면 돼요? I don't like walking, anything else I can take?
[아이 돈 라익 워킹, 애니띵 엘스 아이 캔 테익?]

15 얼마나 걸려요 How long [하우 롱]

길 물어볼 때 무지 궁금한 것!

- 여기서 얼마나 걸려요? How long does it take from here? [하우 롱 더짓 테익 프롬 히어?]
- 걸어서 얼마나 걸려요? How long does it take by walking? [하우 롱 더짓 테익 바이 워킹?]
- 버스로 얼마나 걸려요? How long does it take by bus? [하우 롱 더짓 테익 바이 버스?]
- 전철로 얼마나 걸려요? How long does it take by subway? [하우 롱 더짓 테익 바이 썹웨이?]
- 택시로 얼마나 걸려요? How long does it take by taxi? [하우 롱 더짓 테익 바이 택씨?]

16 고마워요 Thank you [땡큐]

길 알려준 외국인에게 'Thank you'라고 말하자!

- 고마워요. Thank you. [땡큐.]
- 도와줘서 고마워요. Thanks for your help. [땡쓰 포 유어 헬프.]
- 너 때문에 살았어. You're a lifesaver. [유아러 라이프세이붜.]

- 길 물어보기 -

Excuse me, sir. I'm sorry to bother you, but could you tell me how to get to the Citibank?

실례합니다. 귀찮게 해드려서 죄송하지만 씨티 은행에 어떻게 가는지 가르쳐주시겠어요?

Yes, There's a Citibank branch not too far from here.
Do you see the department store up ahead one block?
Just go past the department store and take your first right.

여기서 멀지 않은 곳에 씨티 은행 지점이 있습니다.
한 블록 위에 백화점 보이세요?
백화점을 지나서 첫 번째 오른쪽으로 가시기만 하면 돼요.

Okay, take a right after the department store?
Thank you very much for your help!

네, 백화점 지나서 오른쪽이요?
도와주셔서 정말 고맙습니다!

위급상황

필요한 단어

길을 잃었어요	lost [러스트]	공중화장실	public restroom [퍼블릭 뤠쓰룸]
소매치기야!	robbed [랍드]	저 돈 없어요	No money [노 머니]

빨리찾아 말하면 OK!

· 저 길을 잃었어요.

I got lost.
[아이 갓 러스트.]

· 저 여행객인데, 도와주세요.

I'm a traveler. Can you help me?
[암 어 트뤠블러. 캔 유 헬미?]

· 소매치기 당했어요!

I've been robbed!
[아빈 롸드!]

· 경찰 불러줘요!

Call the police!
[콜 더 폴리씨!]

· 저기 도둑이에요! 잡아!

There's a thief! Get him!
[데얼즈 어 띠프! 게림!]

· 공중화장실 어디 있나요?

Where is the public restroom?
[웨어 이즈 더 퍼블릭 뤠쓰룸?]

· 화장실 좀 써도 되나요?

May I please use your restroom?
[메 아이 플리즈 유즈 유어 뤠쓰룸?]

· 저 정말… 급해요.

I'm really in a hurry.
[암 륔리 이너 허뤼.]

· 저 돈 없어요.

I got no money.
[아이 갓 노 머니.]

· 진짜예요.

Really!
[륔리!]

· 소리 지를 거예요!

I'm gonna yell!
[암 거나 옐!]

까칠한 여행영어

- on the beach -

세상에서 가장 맛있어요.

아름다운 얼굴에 어울리는 목걸이에요.

참지 마세요! 할말은 합시다!

Don't bear it!

I don't want it.

사고 싶지 않아요.

I have better things at home.

집에 더 좋은 게 있어요.

I wanna stay quiet.

조용히 있고 싶어요.

I've got no money.

돈이 한 푼도 없어요.

Tip 여행지에서 흔히 겪는 호객 행위. 부드럽게 거절하거나, 농담을 건넨다.

ONE WAY

PART 04
택시 & 버스에서

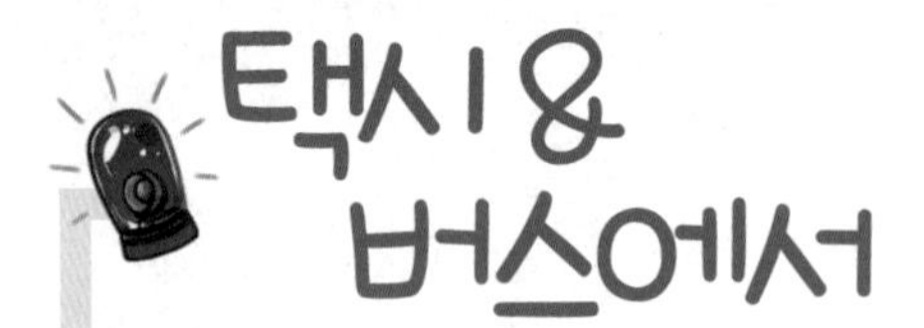

많은 단어를 알 필요 없다
왜? 말할 게 뻔하니까!

01 택시 정류장 — taxi stand [택씨 스탠]

02 어디로 가주세요 — take me to [테익 미 투]

03 주소 — address [애드뤠쓰]

04 기본 요금 — starting fare [스타링 풰어]

05 요금 — fare [풰어]

06 트렁크 — trunk [트뤙크]

07 빨리 가주세요 — faster [풰스터]

08 세워주세요 — pull over [풀로버]

09 잔돈 — change [췌인쥐]

10 신용카드 — credit card [크뤠딧 카드]

11 버스 정류장 — bus stop [버스탑]

12 어디행 버스 — bus for [버스 포]

13 반대쪽 — other side [아덜 싸잇]

14 기다려요 — wait [웨잇]

15 버스 요금 — bus fare [버스 풰어]

16 환승 — transfer [트뤤스풔]

17 내려요 — get off [게로프]

18 정거장 — stop [스탑]

빨리찾아 말하면 OK!

01 택시 정류장 taxi stand [택씨 스탠]

택시 탈 땐 바가지 요금에 주의하자!

· 택시 정류장 어디예요? Where is the taxi stand? [웨어 이즈 더 택씨 스탠?]

· 택시 정류장이 가까워요? Is the taxi stand close? [이즈 더 택씨 스탠 클로즈?]

· 택시 어디서 탈 수 있어요? Where do I get a taxi? [웨어 두 아이 게러 택씨?]

· 택시 정류장 걸어갈 수 있어요? Can I walk to the taxi stand? [캐나이 웍 투 더 택씨 스탠?]

02 어디로 가주세요 take me to [테익 미 투]

더 간단하게 말씀하시려면, take me [테익 미]를 생략하셔도 됩니다.

· 여기로 가주세요. Take me here. [테익 미 히어.]

· 이 주소로 가주세요. Take me to this address. [테익 미 투 디스 애드뤠쓰.]

· 이 호텔로 가주세요. Take me to this hotel. [테익 미 투 디스 호텔.]

· 이 박물관으로 가주세요. Take me to this museum. [테익 미 투 디스 뮤지엄.]

· 이 미술관으로 가주세요. Take me to this art gallery. [테익 미 투 디스 알트 갤러뤼.]

· 이 공원으로 가주세요.
Take me to this park.
[테익 미 투 디스 팍.]

· 시내로 가주세요.
Take me downtown.
[테익 미 다운타운.]

· 공항으로 가주세요.
Take me to the airport.
[테익 미 투 디 에어폿.]

03 주소 address [애드뤠쓰]

호텔 주소가 적힌 명함을 꼭 챙겨두자.

· 이 주소로 가주세요.
Take me to this address.
[테익 미 투 디스 애드뤠쓰.]

· 이 주소 어딘지 아세요?
Do you know where this address is?
[두 유 노 웨어 디스 애드뤠쓰 이즈?]

· 이 주소가 이상해요.
This address is weird.
[디스 애드뤠쓰 이즈 위얼드.]

· 이 주소에서 가까운 데로 가주세요.
Take me to the nearest spot to this address.
[테익 미 투 더 니어뤼스트 스팟 투 디스 애드뤠쓰.]

04 기본 요금  starting fare [스타링 풰어]

장거리라면 기본 요금이 없이 미리 기사와 협의 후 가는 방법이 현명해요!

· 기본 요금이 얼마예요?
How much is the starting fare?
[하우 머취 이즈 더 스타링 풰어?]

· 기본 요금 비싸요.
The starting fare is too expensive.
[더 스타링 페어 이즈 투 익스펜십.]

05 요금 fare [풰어]

쌓여만 가는 잔돈, 여행 후 처치 곤란! 교통수단 요금 낼 때 많이 활용하세요~

· 요금이 얼마예요? How much is the fare? [하우 머취 이즈 더 풰어?]

· 요금 얼마 드려야 되죠? How much do I owe you? [하우 머취 두 아이 오우 유?]

· 요금이 비싸요. The fare is too expensive. [더 풰어 이즈 투 익스펜십.]

· 현금으로 할게요. I'll pay by cash. [아윌 페이 바이 캐쉬.]

06 트렁크 trunk [트뤙크]

캐리어 안고 탈 순 없으니까요.

· 트렁크 열어주세요. Please open the trunk. [플리즈 오픈 더 트뤙크.]

· 트렁크 안 열려요. The trunk is not opening. [더 트뤙크 이즈 낫 오프닝.]

· 이거 넣는 것 좀 도와주세요. Please help me put this in. [플리즈 헬미 풋 디스 인.]

· 팁 드릴게요. I'll give you a tip. [아윌 기뷰 어 팁.]

07 빨리 가주세요 faster [풰스터]

한국 사람이 제일 많이 하는 말이지요.

· 빨리 가주실 수 있나요? Can you go faster? [캔 유 고 풰스터?]

택시 & 버스

· 빨리 가주세요.

Please go faster.
[플리즈 고 퐤스터.]

· 빨리 가야 돼요.

I gotta go faster.
[아이 가라 고 퐤스터.]

08 세워주세요  pull over [풀로버]

간단하게 말하려면, stop [스탑] 이라고 하시면 됩니다.

· 여기서 세워주세요.

Pull over here.
[풀로버 히어.]

· 횡단보도에서 세워주세요.

Pull over at the crosswalk.
[풀로버 앳 더 크로쓰웍.]

· 모퉁이 돌아서 세워주세요.

Pull over just around the corner.
[풀로버 저스터롸운 더 코너.]

· 한 구역 더 가서 세워주세요.

Pull over at the next block.
[풀로버 앳 더 넥스 블락.]

09 잔돈 change [췌인쥐]

잔돈을 요령 있게 나누어 챙겨두세요! 요금 낼 때 당황하지 않을 수 있습니다.

· 잔돈은 됐어요.

Keep the change.
[킵 더 췌인쥐.]

· 잔돈 왜 안 줘요?

Why aren't you giving me the change?
[와이 안츄 기빙 미 더 췌인쥐?]

· 동전으로 주세요.

Please give me in coins.
[플리즈 김미 인 코인즈.]

10 신용카드 credit card [크뤠딧 카드]

비상시 신용카드 필수!

· 신용카드 되나요?
Do you take credit cards?
[두 유 테익 크뤠딧 카즈?]

· 현금 있어요.
I have cash.
[아이 햅 캐쉬.]

· 현금 없어요.
I don't have cash.
[아이 돈 햅 캐쉬.]

11 버스 정류장 bus stop [버스탑]

bus station [버스 스테이션] 이라고도 합니다.

· 버스 정류장 어디예요?
Where is the bus stop?
[웨어 이즈 더 버스탑?]

· 버스 정류장 가까워요?
Is the bus stop close?
[이즈 더 버스탑 클로즈?]

· 버스 어디서 탈 수 있어요?
Where do I get a bus?
[웨어 두 아이 게러 버스?]

· 버스 정류장 걸어갈 수 있어요?
Can I walk to the bus stop?
[캐나이 웍 투 더 버스탑?]

12 어디행 버스 bus for [버스 포]

for 뒤에 목적지만 말씀해 주세요.

· 이거 시내 가는 버스예요?
Is this a bus for downtown?
[이즈 디스 어 버스 포 다운타운?]

· 이거 공항 가는 버스예요? Is this a bus for the airport?
[이즈 디스 어 버스 포 디 에어폿?]

· 이거 전철역 가는 버스예요? Is this the bus for the subway station?
[이즈 디스 더 버스 포 더 썹웨이 스테이션?]

13 반대쪽 other side [아덜 싸잇]

반대는 다른 말로, opposite [오퍼짓] 입니다.

· 반대쪽에서 타야 됩니다. You gotta go ride on the other side.
[유 가라 고 롸이드 온 디 아덜 싸잇.]

· 반대쪽으로 가려면 어디로 가요? How do I get to the other side?
[하우 두 아이 겟 투 디 아덜 싸잇?]

· 반대쪽 버스가 시내에 가요? Does the bus on the other side go downtown?
[더즈 더 버스 온 디 아덜 싸잇 고 다운타운?]

14 기다려요 wait [웨잇]

여행을 떠나면 기다림에 익숙해 지는 것 같죠?

· 얼마나 기다려요? How long do I wait?
[하우 롱 두 아이 웨잇?]

· 10분 기다리세요. You gotta wait for ten minutes.
[유 가라 웨잇 포 텐 미닛츠.]

· 기다리지 마세요. 여기 안 와요. Don't wait. It doesn't come here.
[돈 웨잇. 잇 더즌 컴 히어.]

15 버스 요금 bus fare [버스 풰어]

여행가는 나라의 버스카드, 승차권 종류를 미리 알아보시고 실용적인 구매하세요!

· 버스 요금이 얼마예요? How much is the bus fare?
[하우 머취 이즈 더 버스 풰어?]

· 버스 요금 현금으로 내요? Can I pay in cash?
[캐나이 페이 인 캐쉬?]

· 버스 요금은 어떻게 내요? How do I pay for the fare?
[하우 두 아이 페이 포 더 풰어?]

16 환승 transfer [트뤤스퍼]

환승하실 때는 표지판을 잘~ 보고 가도록 합시다.

· 어디서 환승해요? Where do I transfer?
[웨어 두 아이 트뤤스퍼?]

· 몇 번으로 환승해요? Which bus should I transfer to?
[위치 버스 슈다이 트뤤스퍼 투?]

17 내려요 get off [게로프]

내려야 할 곳을 지나치고 있다면 외치자!

· 저 여기서 내려요. I get off here.
[아이 게로프 히어.]

· 저 어디서 내려요? Where do I get off?
[웨어 두 아이 게로프?]

· 여기서 내리는 거 맞아요? Do I get off here?
[두 아이 게로프 히어?]

· 내려야 할 때 알려주세요.
Let me know when to get off.
[렛 미 노 웬 투 게로프.]

18 정거장 stop [스탑]

stop은 명사로 [정거장] 이라는 뜻도 된답니다.

· 몇 정거장 가야 돼요?
How many stops do I go?
[하우 매니 스탑스 두 아이 고?]

· 이번 정거장에서 내리나요?
Do I get off at this stop?
[두 아이 게로프 앳 디스탑?]

· 제 정거장이에요?
Is this my stop?
[이즈 디스 마이 스탑?]

– 택시 잡기 –

I believe the taxi stand is just over here on the left. This one is our cab. We need to go to the Belmont Hotel, please.

택시 정류장이 바로 여기 왼쪽에 있을 거야.
이게 우리가 탈 택시야. 벨몬트 호텔로 가 주세요.

Okay, ma'am. Let me pop the trunk for you.

알겠습니다, 손님. 트렁크를 열어 드리겠습니다.

Thank you.

고맙습니다.

I really appreciate your coming here to meet me today.

오늘 마중 나와 줘서 정말 고마워.

Don't mention it. It's my pleasure.

천만에. 별 것도 아닌데 뭐.

위급상황 필요한 단어

창문	window [윈도우]	못 내렸어요!	miss [미쓰]
문	door [도어]	잔돈	change [췌인쥐]
돌아가다	detour [디투어]	벨	stop button [스탑 벗튼]
깎아줘요	discount [디스카운트]		

빨리찾아 말하면 OK!

- 창문 좀 열어도 되죠? — Do you mind opening the window? [두 유 마인 오프닝 더 윈도우?]
- 창문이 안 열려요. — The window is stuck. [더 윈도우 이즈 스턱.]
- 창문에 목이 끼었어요. — My neck's got stuck in the window. [마이 넥스 갓 스턱 인 더 윈도우.]
- 문이 안 열려요. — I can't open the door. [아이 캔 오픈 더 도어.]
- 문에 제 재킷이 끼었어요. — My jacket's got stuck in the door. [마이 좌켓스 갓 스턱 인 더 도어.]
- 왜 돌아가요? — Why are you detouring? [와이 아유 디투어링?]
- 돌아가는 거 같은데요! — I think you're detouring! [아이 띵크 유아 디투어링!]
- 깎아줘요. — Discount, please. [디스카운트, 플리즈.]
- 장거리잖아요. — It's a long distance. [잇츠 어 롱 디스턴스.]
- 비싸요. — It's too expensive. [잇츠 투 익스펜십.]
- 저 못 내렸어요! — I missed my stop! [아이 미쓰 마이 스탑!]

· 여기서 내려야 되는데!

I should get off here!
[아이 슛 게로프 히어!]

· 세워줘요!

Pull over, please!
[풀로버, 플리즈!]

· 잔돈 없어요.

I don't have change.
[아이 돈 햅 췌인쥐.]

· 잔돈 주세요.

Give me change.
[김미 췌인쥐.]

· 지폐도 받나요?

Do you take bills?
[두 유 테익 빌즈?]

· 벨 어디 있어요?

Where is the bell?
[웨어 이즈 더 벨?]

· 벨 좀 눌러주실래요?

Could you press the stop button?
[쿠쥬 프뤠쓰 더 스탑 벗튼?]

· 벨이 손에 안 닿네요.

I can't reach the stop button.
[아이 캔 뤼치 더 스탑 벗튼.]

· 벨을 눌렀어야죠!

You should have pressed the stop button!
[유 슈랩 프뤠쓰 더 스탑 벗튼!]

· 벨 눌렀거든요!

I did press the stop button!
[아이 디드 프뤠쓰 더 스탑 벗튼!]

· 문 좀 열어주세요.

Open the door.
[오픈 더 도어.]

· 문이 안 열려요.

The door won't open.
[더 도어 원 오픈.]

· 문이 안 닫혔어요.

The door is not closed.
[더 도어 이즈 낫 클로즈드.]

· 문에 손이 끼었어요!

My finger is stuck in the door!
[마이 핑걸 이즈 스턱 인 더 도어!]

· 문에 스카프가 끼었어요!

My scarf is stuck in the door.
[마이 스칼프 이즈 스턱 인 더 도어.]

· 창문 좀 닫아주실래요?

Could you close the window?
[쿠쥬 클로즈 더 윈도우?]

· 창문 열어도 되나요?

Do you mind opening the window?
[두 유 마인 오프닝 더 윈도우?]

· 창문을 닫을 수가 없어요.

I can't close the window.
[아이 캔 클로즈 더 윈도우.]

· 창문을 열 수가 없어요.

I can't open the window.
[아이 캔 오픈 더 윈도우.]

· 저기요, 창문에
머리카락이 끼었어요.

Excuse me,
your hair is stuck in the window.
[익쓰큐즈 미,
유어 헤어 이즈 스턱 인 더 윈도우.]

TAXI
Gentle~
멋있는
신사분이시네..
Gentle~
TAXI
Oh! There's a cab!
택시다!
꺄악
Sh Sh Sh Sh Sh
슈우우우우웅~
Broom
헐...
Ahhh

참지 마세요! 할말은 합시다!
Don't bear it!

Don't cut in line.
새치기 하지 마세요.

It's my turn.
순서를 지켜주세요.

I'm getting carsick.
멀미가 나요.

How far are we?
얼마나 가야 하죠?

PART 05
전철 & 기차에서

전철 & 기차에서

많은 단어를 알 필요 없다
왜? 말할 게 뻔하니까!

01 전철역 subway station [썹웨이 스테이션]

02 기차역 train station [트뤠인 스테이션]

03 매표소 ticket window [티켓 윈도우]

04 발권기 ticket machine [티켓 머쉰]

05 요금 fare [퀘어]

06 급행열차 express train [익쓰프레쓰 트뤠인]

07 편도 one-way [원-웨이]

08 왕복 round trip [롸운 트립]

09 일일 승차권 one-day pass [원-데이 패쓰]

10 여기 가는 표 ticket to [티켓 투]

11 시간표 timetable [타임테이블]

12 승강장 platform [플랫폼]

13 환승 transfer [트뤤스퍼]

14 내려요 get off [게로프]

15 몇 호선 line [라인]

16 노선도 subway map [썹웨이 맵]

17 자리 seat [씻]

18 식당칸 diner [다이너]

19 일반석 coach class [코취 클래쓰]

20 1등석 first class [펄스트 클래쓰]

빨리찾아 말하면 OK!

01 전철역

subway station
[썹웨이 스테이션]

전철은 여행객에게 가장 안전한 수단!

· 전철역 어디예요?
Where is the subway station?
[웨어 이즈 더 썹웨이 스테이션?]

· 전철역 어떻게 가요?
How do I get to the subway station?
[하우 두 아이 겟 투 더 썹웨이 스테이션?]

· 여기가 전철역이에요?
Is this the subway station?
[이즈 디스 더 썹웨이 스테이션?]

· 전철역 여기서 멀어요?
Is the subway station far from here?
[이즈 더 썹웨이 스테이션 퐈 프롬 히어?]

· 전철역으로 데려다 주세요.
Take me to the subway station.
[테익 미 투 더 썹웨이 스테이션.]

02 기차역

train station
[트뤠인 스테이션]

railway station [뤠일웨이 스테이션] 이라고도 합니다.

· 기차역 어디예요?
Where is the train station?
[웨어 이즈 더 트뤠인 스테이션?]

· 기차역 어떻게 가요?
How do I get to the train station?
[하우 두 아이 겟 투 더 트뤠인 스테이션?]

· 여기가 기차역이에요?
Is this the train station?
[이즈 디스 더 트뤠인 스테이션?]

· 기차역 여기서 멀어요? Is the train station far from here?
[이즈 더 트뤠인 스테이션 퐈 프롬 히어?]

· 기차역으로 데려다 주세요. Take me to the train station.
[테익 미 투 더 트뤠인 스테이션.]

03 매표소 ticket window [티켓 윈도우]

ticket office [티켓 오피스] 라고도 합니다.

· 매표소 어디예요? Where is the ticket window?
[웨어 이즈 더 티켓 윈도우?]

· 매표소 어떻게 가요? How do I get to the ticket window?
[하우 두 아이 겟 투 더 티켓 윈도우?]

· 매표소로 데려다 주세요. Take me to the ticket window.
[테익 미 투 더 티켓 윈도우.]

· 표 살 거예요. I'm gonna buy a ticket.
[암 거나 바이 어 티켓.]

04 발권기 ticket machine [티켓 머쉰]

발권기에 한국어 서비스가 제공되는 곳도 있으니, 확인하시고 사용하세요.

· 발권기 어딨어요? Where is the ticket machine?
[웨어 이즈 더 티켓 머쉰?]

· 발권기 어떻게 써요? How do I use the ticket machine?
[하우 두 아이 유즈 더 티켓 머쉰?]

· 발권기 안 되는데요. The ticket machine is not working.
[더 티켓 머쉰 이즈 낫 월킹.]

· 발권기 쓰는 것 좀 도와줘요. Help me use this machine.
[헬미 유즈 디스 머쉰.]

· 제 표가 안 나와요.

My ticket is not coming out.
[마이 티켓 이즈 낫 커밍 아웃.]

05 요금 fare [풰어]

목적지를 정확하게 말씀하시어 요금을 더 내는 일이 없도록 합시다!

· 요금 얼마예요?

How much is the fare?
[하우 머취 이즈 더 풰어?]

· 신용카드 되나요?

Do you take credit cards?
[두유 테익 크뤠딧 카즈?]

· 현금 없어요.

I don't have any cash.
[아이 돈 햅 애니 캐쉬.]

· 여행자 수표 되나요?

Do you take traveler's checks?
[두유 테익 트뤠블러스 췍스?]

06 급행열차 express train [익쓰프레쓰 트뤠인]

급행열차는 부가 운임을 매길 수 있습니다. 잘 확인하시고 이용하세요~

· 여기로 가는 급행열차 있어요?

Is there an express train to here?
[이즈 데어런 익쓰프레쓰 트뤠인 투 히어?]

· 급행열차는 얼마예요?

How much is the express train?
[하우 머취 이즈 디 익쓰프레쓰 트뤠인?]

· 급행열차 어디서 타요?

Where should I go for the express train?
[웨어 슈라이 고 포 디 익쓰프레쓰 트뤠인?]

· 급행열차 몇 시에 있어요?

What time is the express train?
[왓 타임 이즈 디 익쓰프레쓰 트뤠인?]

07 편도 one-way [원-웨이]

편도로 표를 사실 때는, 왕복 표와 꼭 가격을 비교해보신 후 구입하세요!

· 편도로 2장 주세요. Two tickets, one-way please. [투 티켓츠, 원-웨이 플리즈.]

· 편도로 달라고 했어요. I said a one-way ticket. [아이 쌔더 원-웨이 티켓.]

· 이거 편도 표 아닌데요. This is not a one-way ticket. [디스 이즈 나러 원-웨이 티켓.]

· 이거 편도 표 맞아요? Is this a one-way ticket? [이즈 디써 원-웨이 티켓?]

· 이거 편도로 바꿀 수 있어요? Can I change this into a one-way ticket? [캐나이 췌인쥐 디스 인투 어 원-웨이 티켓?]

08 왕복 round trip [롸운 트립]

돌아오는 티켓에 시간이나 날짜 기한이 있는지 꼭 확인하세요!

· 왕복으로 한 장이요. One ticket, round trip please. [원 티켓, 롸운 트립 플리즈.]

· 왕복으로 달라고 했어요. I said a round trip ticket. [아이 쌔더 롸운 트립 티켓.]

· 이거 왕복 표 아닌데요. This is not a round trip ticket. [디스 이즈 나러 롸운 트립 티켓.]

· 이거 왕복 표 맞아요? Is this a round trip ticket? [이즈 디스 어 롸운 트립 티켓?]

· 이거 왕복으로 바꿀 수 있어요? Can I change this into a round trip ticket? [캐나이 췌인쥐 디스 인투 어 롸운 트립 티켓?]

09 일일 승차권 one-day pass [원-데이 패쓰]

하루 종일 돌아다니고 싶다면?

- 일일 승차권 한 장 주세요. One, one-day pass please. [원, 원-데이 패쓰 플리즈.]
- 일일 승차권 얼마예요? How much is the one-day pass? [하우 머취 이즈 디 원-데이 패쓰?]
- 일일 승차권은 어떻게 써요? How does the one-day pass work? [하우 더즈 디 원-데이 패스 월크?]

10 여기 가는 표 ticket to [티켓 투]

ticket to 뒤에 가고 싶은 장소를 정확하게 말씀해 주세요!

- 여기 가는 표 한 장이요. One ticket, to here. [원 티켓 투 히어.]
- 그랜드 역으로 가는 표 한 장이요. One ticket, to Grand Station. [원 티켓 투 그뤤 스테이션.]
- 여기 가는 표 얼마예요? How much is the ticket to here? [하우 머취 이즈 더 티켓 투 히어?]

11 시간표 timetable [타임테이블]

시간표가 보기 힘드시면, 직원에게 help [헬프] 라고 말씀하신 후 도움을 요청하세요.

- 시간표 어디서 봐요? Where can I see the timetable? [웨어 캐나이 씨 더 타임테이블?]
- 시간표 보여주세요. Show me the timetable. [쇼미 더 타임테이블.]

· 시간표가 복잡해요.

The timetable is too confusing.
[더 타임테이블 이즈 투 컨퓨징.]

· 시간표 보는 것 좀 도와줘요.

Please help me look at this timetable.
[플리즈 헬미 루깻 디스 타임테이블.]

12 승강장  platform [플랫폼]

arrival platform [어라이벌 플랫폼] 은 '도착 승강장'이라는 뜻입니다.

· 2번 승강장 어디예요?

Where is platform two?
[웨어 이즈 플랫폼 투?]

· 승강장을 못 찾겠어요.

I can't find the platform.
[아이 캔 파인 더 플랫폼.]

· 승강장으로 데려가 주세요.

Take me to the platform.
[테익 미 투 더 플랫폼.]

13 환승 transfer [트렌스퍼]

환승하실 때는 표지판을 잘~ 보고 가도록 합시다.

· 환승하는데 어디예요?

Where do I transfer?
[웨어 두 아이 트렌스퍼?]

· 환승 여기서 해요?

Do I transfer here?
[두 아이 트렌스퍼 히어?]

· 여기로 가려면 환승해야 돼요?

Do I transfer to get here?
[두 아이 트렌스퍼 투 겟 히어?]

· 환승하려면 여기서 내려요?

Do I get off here to transfer?
[두 아이 게로프 히어 투 트렌스퍼?]

14 내려요 get off [게로프]

저… 이번에 내려요.

- 여기서 내리세요. Get off here. [게로프 히어.]
- 여기서 내리면 안 됩니다. Don't get off here. [돈 게로프 히어.]
- 여기서 내리면 되나요? Do I get off here? [두 아이 게로프 히어?]
- 이 역에서 내려야 됩니다. You gotta get off here. [유 가라 게로프 히어.]

15 몇 호선 line [라인]

line number [라인 넘버] 뒤에 숫자를, 혹은 이름일 경우에는 line 앞에 붙여주세요.

- 여기 갈 건데 몇 호선 타요? I'm going here, which line should I take? [암 고잉 히어, 위치 라인 슈라이 테익?]
- 이 노선 타면 여기 가나요? Will this line get me here? [윌 디스 라인 겟 미 히어?]
- 이 노선으로 갈아 탈 거예요. I'm transferring to this line. [암 트렌스퍼링 투 디스 라인.]

16 노선도 subway map [썹웨이 맵]

전철을 타려면 노선도는 필수!

- 노선도는 어디 있나요? Where is the subway map? [웨어 이즈 더 썹웨이 맵?]

전철 & 기차

· 노선도 하나 받을 수 있나요? Can I get a subway map?
[캐나이 게러 썹웨이 맵?]

· 노선도 보는 것 좀 도와주세요. Please help me look at this subway map.
[플리즈 헬미 루깻 디스 썹웨이 맵.]

17 자리 seat [씻]

외국에서도 노약자석은 비워두는 센스!

· 자리 있어요? Is this seat taken?
[이즈 디스 씻 테이큰?]

· 여기 앉아도 되나요? Can I sit here?
[캐나이 씻 히어?]

· 가방 좀 치워 주실래요? Could you move your bag?
[쿠쥬 무브 유어 백?]

18 식당칸 diner [다이너]

dining section [다이닝 섹션] 이라고도 합니다.

· 식당칸 있어요? You got a diner?
[유 갓 어 다이너?]

· 식당칸 어디예요? Where is the diner?
[웨어 이즈 더 다이너?]

· 식당칸에서 멀어요? Is it far from the diner?
[이짓 퐈 프롬 더 다이너?]

· 식당칸에서 가까운 자리로 주세요. I want seats close to the diner.
[아이 원 씻츠 클로스 투 더 다이너.]

19 일반석 coach class [코취 클래쓰]

일반석과 1등석을 잘 비교해보시고 이용하세요~

· 일반석으로 주세요.
I'll get a coach class seat.
[아윌 게러 코취 클래쓰 씻.]

· 일반석 남았어요?
You still got a coach class?
[유 스틸 가러 코취 클래쓰?]

· 일반석은 얼마예요?
How much is the coach class?
[하우 머취 이즈 더 코취 클래쓰?]

20 1등석 first class [펄스트 클래쓰]

언젠가 한번 1등석 달라고 말해 보자.

· 1등석으로 주세요.
I'll get a first class seat.
[아윌 게러 펄스트 클래쓰 씻.]

· 1등석은 얼마예요?
How much is first class?
[하우 머취 이즈 펄스트 클래쓰?]

· 1등석은 뭐가 좋아요?
What's good about first class?
[왓츠 구러바웃 펄스트 클래쓰?]

전철 & 기차

위급상황 필요한 단어

분실	lost [러스트]
표	ticket [티켓]
다른 방향	wrong way [뤙 웨이]

빨리찾아 말하면 OK!

· 표를 분실했어요.
I lost my ticket.
[아이 러스트 마이 티켓.]

· 일일 승차권을 분실했어요.
I lost my one-day pass.
[아이 러스트 마이 원-데이 패쓰.]

· 가방을 분실했어요.
I lost my bag.
[아이 러스트 마이 백.]

· 지하철에 가방을 놓고 내렸어요.
I left my bag on the subway.
[아이 레프트 마이 배곤더 썹웨이.]

· 분실물 센터가 어디예요?
Where is the lost & found?
[웨어 이즈 더 러스트 앤 퐈운?]

· 제 표가 없어졌어요.
My ticket is gone.
[마이 티켓 이즈 건.]

· 표 어떻게 넣어요?
How do I put the ticket in?
[하우 두 아이 풋 더 티케딘?]

· 표가 안 나와요.
The ticket is stuck.
[더 티켓 이즈 스턱.]

· 표를 잘못 샀어요.
I got the wrong ticket.
[아이 갓 더 뤙 티켓.]

· 지하철 잘못 탔어요.
I got on the wrong subway.
[아이 가론더 뤙 썹웨이.]

· 호선을 잘못 탔어요.
I got on the wrong line.
[아이 가론더 뤙 라인.]

덜컹
덜컹
띠리링~
- on the train -
쪽
Smack
Smack
쪽
쪽
What is this sound?
무슨 소리지?
Smack
Smack
쪽 쪽 쪽
빠직
SHOOT!

참지 마세요! 할말은 합시다!

Don't bear it!

You're too loud.
너무 시끄러워요.

Could you keep it down?
좀 조용히 해주시겠어요?

Could you move over?
옆으로 가주시겠어요?

Please don't lean on me.
기대지 말아주세요.

PART 06
호텔에서

호텔에서

많은 단어를 알 필요 없다
왜? 말할 게 뻔하니까!

No.	한국어	English	발음
01	로비	lobby	[**러**비]
02	예약	reservation	[뤠저**베**이션]
03	체크인	check-in	[**췌**킨]
04	침대	bed	[**베**드]
05	전망	view	[**뷰**]
06	조식	breakfast	[브**뤡**퍼스트]
07	얼마	how much	[하우 **머**취]
08	엘리베이터	elevator	[**엘**리베이러]
09	몇 층	which floor	[**위**치 플**로**어]
10	방 키	room key	[**룸** 키]
11	짐	baggage	[**배**기쥐]
12	내 방	my room	[마이 **룸**]
13	수건	towel	[**타**월]
14	칫솔	toothbrush	[**투**쓰브러쉬]
15	베개	pillow	[**필**로우]
16	드라이기	dryer	[드**롸**이어]
17	욕조	bathtub	[**배**쓰텁]
18	물	water	[**워**러]
19	인터넷	internet	[**인**터넷]
20	텔레비전	television	[**텔**레비전]

21 청소 clean [클린]

22 모닝콜 wake-up call [웨이껍 콜]

23 룸 서비스 room service [룸 썰비쓰]

24 개인금고 safe [쎄이프]

25 세탁 laundry [라운드뤼]

26 얼음 ice [아이쓰]

27 체크아웃 check-out [췌카웃]

28 계산서 bill [빌]

29 추가 extra [엑쓰트롸]

30 미니바 minibar [미니바]

31 요금 charge [촤쥐]

32 신용카드 credit card [크뤠딧 카드]

33 택시 taxi [택씨]

34 공항 airport [에어폿]

빨리찾아 읽으세요

01 로비 lobby [러비]

모든 시작과 끝이 로비로 통한다.

· 로비가 어디예요?
Where is the lobby?
[웨어 이즈 더 러비?]

· 로비를 못 찾겠는데요.
I can't find the lobby.
[아이 캔 퐈인 더 러비.]

· 로비로 데려가 주세요.
Take me to the lobby.
[테익 미 투 더 러비.]

02 예약  reservation [뤠저베이션]

해외 여행 가면서 예약 안 하는 사람 없겠죠?

· 예약했어요.
I got a reservation.
[아이 가러 뤠저베이션.]

· 예약 안 했어요.
I got no reservation.
[아이 갓 노 뤠저베이션.]

· 이 사이트로 예약했는데요.
I got a reservation through this website.
[아이 가러 뤠저베이션 뜨루 디스 웹싸잇.]

· 예약 제 이름 이시원으로 했어요.
I got a reservation under my name, Siwon Lee.
[아이 가러 뤠저베이션 언덜 마이 네임, 시원 리.]

03 체크인 check-in [췌킨]

체크인을 일찍 하시면 추가 요금을 받는 곳도 있으니 주의하세요!

· 체크인 하려고요.
Check-in, please.
[췌킨, 플리즈.]

· 체크인 어디서 해요?
Where should I check-in?
[웨어 슈라이 췌킨?]

· 체크인 몇 시에 하나요?
What time is the check-in?
[왓 타임 이즈 더 췌킨?]

· 체크인 하기 전에 짐 맡아 주세요.
Keep my baggage before I check-in, please.
[킵 마이 배기쥐 비포 아이 췌킨, 플리즈.]

04 침대 bed [베드]

[DBL]은 더블, [SGL]은 싱글입니다.

· 싱글 침대로 주세요.
A single bed, please.
[어 씽글 베드, 플리즈.]

· 더블 침대로 주세요.
A double bed, please.
[어 더블 베드, 플리즈.]

· 트윈 침대로 주세요.
Twin beds, please.
[트윈 벳스, 플리즈.]

· 트윈 침대를 하나로 붙여 줘요.
Get me twin beds, but as one.
[겟 미 트윈 벳스, 벗 애즈 원.]

· 제일 큰 침대 주세요.
Get me the biggest bed.
[겟 미 더 비기스트 베드.]

· 제일 큰 침대 있는 방은 얼마예요?
How much is the room with the biggest bed?
[하우 머취 이즈 더 룸 위더 비기스트 베드?]

05 전망 view [뷰]

전망 좋은 방은 더 비싸다.

· 바다 전망으로 줘요.
I want an ocean view.
[아이 워넌 오션 뷰.]

· 도심 전망으로 줘요.
I want a city view.
[아이 워너 씨리 뷰.]

· 전망 좋은 데로 줘요.
I want a room with a nice view.
[아이 워너 룸 위더 나이쓰 뷰.]

· 전망이 별로예요.
The view isn't good enough.
[더 뷰 이즌 굿 이너프.]

06 조식 breakfast [브렉퍼스트]

호텔의 꽃은 조식이죠

· 조식은 어디서 먹어요?
Where do I have breakfast?
[웨어 두 아이 햅 브렉퍼스트?]

· 조식은 몇 시예요?
What time is the breakfast?
[왓 타임 이즈 더 브렉퍼스트?]

· 조식으로 뭐가 있죠?
What do you have for the breakfast?
[왓 두 유 햅 포 더 브렉퍼스트?]

· 조식 몇 시까지예요?
What time does breakfast end?
[왓 타임 더즈 브렉퍼스트 엔드?]

· 조식 포함하면 얼마예요? How much is it including breakfast?
[하우 머취 이짓 인클루딩 브렉퍼스트?]

07 얼마 How much [하우 머취]

체크인시 조식 쿠폰을 함께 주는 곳도 있습니다. 할인 가능한지 잘 알아보세요!

· 1박에 얼마예요? How much is it for one night?
[하우 머취 이짓 포 원 나잇?]

· 2박에 얼마예요? How much is it for two nights?
[하우 머취 이짓 포 투 나잇츠?]

· 할인 받을 수 있어요? Can I get a discount?
[캐나이 게러 디스카운트?]

· 조식 포함하면 얼마예요? How much is it including breakfast?
[하우 머취 이짓 인클루딩 브렉퍼스트?]

· 업그레이드 하면 얼마예요? How much is it for an upgrade?
[하우 머취 이짓 포런 업그뤠이드?]

호텔

08 엘리베이터 elevator [엘리베이러]

호텔에서 제일 찾기 힘든 게 엘리베이터인 것 같아요…

· 엘리베이터 어디 있어요? Where is the elevator?
[웨어 이즈 디 엘리베이러?]

· 엘리베이터가 안 열려요. The elevator won't open.
[디 엘리베이러 원 오픈.]

· 1층 버튼이 어떤 거죠? Which one is the lobby button?
[위치 원 이즈 더 러비 벗튼?]

· 로비 가려고요. I wanna go to the lobby.
[아이 워너 고 투 더 러비.]

09 몇 층 2F 3F? which floor [위치 플로어]

헷갈리신다고요? 프론트에 호텔 이용가이드를 요청하세요!

· 제 방 몇 층이에요?	Which floor is my room? [위치 플로어 이즈 마이 룸?]
· 얼음 몇 층에 있어요?	Which floor has the ice? [위치 플로어 해즈 디 아이쓰?]
· 자판기 몇 층에 있어요?	Which floor has a vending machine? [위치 플로어 해저 벤딩 머쉰?]
· 수영장 몇 층에 있어요?	Which floor has the swimming pool? [위치 플로어 해즈 더 스위밍 풀?]
· 운동하는 데 몇 층에 있어요?	Which floor has the gym? [위치 플로어 해즈 더 짐?]
· 스파 몇 층에 있어요?	Which floor has the spa? [위치 플로어 해즈 더 스파?]
· 1층이에요.(1st floor)	It's the first floor. [잇츠 더 펄스트 플로어.]
· 2층이에요.(2nd floor)	It's the second floor. [잇츠 더 세컨 플로어.]
· 3층이에요.(3rd floor)	It's the third floor. [잇츠 더 써드 플로어.]
· 4층이에요.(4th floor)	It's the fourth floor. [잇츠 더 폴쓰 플로어.]

10 방 키 room key [룸 키]

분실하지 않도록 조심 또 조심!

· 방 키 하나 더 주세요.	Can I get one more room key? [캐나이 겟 원 모어 룸 키?]

· 방 키 없어졌어요. My room key is gone.
[마이 룸 키 이즈 건.]

· 방 키가 안 돼요. My room key is not working.
[마이 룸 키 이즈 낫 월킹.]

· 방 키 어떻게 꽂아요? How do I put the room key in?
[하우 두 아이 풋 더 룸 키 인?]

11 짐 baggage [배기쥐]

체크 아웃한 뒤 돌아다니고 싶으면 짐을 맡겨 보자.

· 짐 맡길 수 있어요? Can you keep my baggage?
[캔 유 킵 마이 배기쥐?]

· 짐 올려 주실 수 있어요? Can you move up my baggage?
[캔 유 무법 마이 배기쥐?]

· 이거 제 짐이 아니에요. This is not my baggage.
[디스 이즈 낫 마이 배기쥐.]

· 제 짐이 없어졌어요. My baggage is gone.
[마이 배기쥐 이즈 건.]

· 제 짐 찾아주세요. Please find my baggage.
[플리즈 파인 마이 배기쥐.]

· 체크인 하기 전에 짐 맡아 주세요. Keep my baggage before I check-in, please.
[킵 마이 배기쥐 비포 아이 췌킨, 플리즈.]

12 내 방 my room [마이 룸]

내 방은 소중하니까요.

· 내 방이 어디죠? Where is my room?
[웨어 이즈 마이 룸?]

호텔

· 내 방을 못 찾겠어요.
I can't find my room.
[아이 캔 퐈인 마이 룸.]

· 내 방이 어두워요.
My room is too dark.
[마이 룸 이즈 투 다크.]

· 내 방이 너무 밝아요.
My room is too bright.
[마이 룸 이즈 투 브롸잇.]

· 내 방이 너무 더워요.
My room is too hot.
[마이 룸 이즈 투 핫.]

· 내 방이 너무 추워요.
My room is too cold.
[마이 룸 이즈 투 콜드.]

· 내 방에서 냄새나요.
My room is smelly.
[마이 룸 이즈 스멜리.]

13 수건 towel [타월]

여자들은 수건이 더 필요하다.

· 수건 더 주세요.
More towels, please.
[모어 타월스, 플리즈.]

· 수건 없어요.
I got no towels.
[아이 갓 노 타월스.]

· 수건 더러워요.
My towels are dirty.
[마이 타월스 알 더리.]

· 수건 깨끗한 걸로 주세요.
I want clean towels.
[아이 원 클린 타월스.]

· 큰 수건으로 주세요.
I want bigger towels.
[아이 원 비거 타월스.]

14 칫솔　toothbrush [투쓰브러쉬]

호텔에서 제공하는 칫솔이 불편하다면 개인적으로 미리 챙겨가는 센스!

· 칫솔 없어요.
I got no toothbrush.
[아이 갓 노 투쓰브러쉬.]

· 칫솔 주세요.
Get me a toothbrush.
[겟 미 어 투쓰브러쉬.]

· 칫솔 하나 더 주세요.
Get me one more toothbrush.
[겟 미 원 모어 투쓰브러쉬.]

· 치약 주세요.
Get me some toothpaste.
[겟 미 썸 투쓰페이스트.]

· 어린이용 칫솔 주세요.
Get me a toothbrush for kids.
[겟 미 어 투쓰브러쉬 포 키즈.]

· 어린이용 치약 있어요?
You got toothpaste for kids?
[유 갓 투쓰페이스트 포 키즈?]

· 부드러운 칫솔 없나요?
You got a softer toothbrush?
[유 가러 소프터 투쓰브러쉬?]

· 치실 있어요?
You got a dental floss?
[유 가러 덴탈 플로쓰?]

15 베개　pillow [필로우]

여행에서 숙면은 필수! 베개가 불편하다면 주저하지 말고 요청하세요!

· 베개 하나 더 주세요.
Get me one more pillow.
[겟 미 원 모어 필로우.]

· 베개가 너무 딱딱해요.
My pillow is too hard.
[마이 필로우 이즈 투 하드.]

· 베개가 너무 높아요.
My pillow is too thick.
[마이 필로우 이즈 투 띡.]

· 베개가 너무 낮아요.
My pillow is too thin.
[마이 필로우 이즈 투 띤.]

· 베개 큰 거 있어요?
You got a bigger pillow?
[유 가러 비거 필로우?]

16 드라이기 dryer [드롸이어]

여행 가서도 멋 부리는 건 포기할 수 없다.

· 드라이기 주세요.
Get me a dryer.
[겟 미 어 드롸이어.]

· 드라이기 없어요.
I got no dryer.
[아이 갓 노 드롸이어.]

· 드라이기 고장났어요.
The dryer is broken.
[더 드롸이어 이즈 브뤄큰.]

· 드라이기 잘 안돼요.
The dryer is not working.
[더 드롸이어 이즈 낫 월킹.]

17 욕조 bathtub [배쓰텁]

거품 목욕으로 여행의 피로를 씻어보세요!

· 욕조가 더러워요.
My bathtub is dirty.
[마이 배쓰텁 이즈 더리.]

· 욕조 닦아주세요.
Clean my bathtub, please.
[클린 마이 배쓰텁 플리즈.]

· 욕조의 물이 안 빠져요.
The water in the bathtub won't go down.
[더 워러 인 더 배쓰텁 원 고 다운.]

18 물 　　　　water [워러]

내가 돈 낸 호텔이더라도 물을 아껴 씁시다!

· 물이 안 나와요.
There's something wrong with the water tap.
[데얼즈 썸띵 뤙 윗더 워러 탭.]

· 물이 너무 뜨거워요.
The water is too hot.
[더 워러 이즈 투 핫.]

· 물이 너무 차가워요.
The water is too cold.
[더 워러 이즈 투 콜드.]

· 물 온도 조절이 안 돼요.
I can't adjust the water temperature.
[아이 캔 어드줘쓰 더 워러 템펄춰.]

· 샤워기에서 물이 안 나와요.
There's no water coming out from the shower.
[데얼즈 노 워러 커밍 아웃 프롬 더 샤워.]

· 변기 물이 안 내려가요.
The toilet won't flush.
[더 토일렛 원 플러쉬.]

호텔

19 인터넷 　　　　internet [인터넷]

Wifi 는 다른 말로 Wireless internet [와이얼리쓰 인터넷].

· 인터넷 안 돼요.
The internet is not working.
[디 인터넷 이즈 낫 월킹.]

· 인터넷 할 수 있는데 어디예요?
Where can I use the internet?
[웨어 캐나이 유즈 디 인터넷?]

· 랜선이 없어요.
There's no LAN line.
[데얼즈 노 랜 라인.]

· 와이파이가 안 터져요.
I can't get the Wifi.
[아이 캔 겟 더 와이파이.]

· 와이파이 터지는 데 어디예요?

Where can I get the Wifi?
[웨어 캐나이 겟 더 와이파이?]

· 컴퓨터 쓸 수 있는 데 어디예요?

Where can I use a computer?
[웨어 캐나이 유저 컴퓨러?]

20 텔레비전 television [텔레비전]

호텔 방에서 텔레비전 꼭 보게 돼요.

· 텔레비전이 안 나와요.

The television is not working.
[더 텔레비전 이즈 낫 월킹.]

· 케이블이 안 나와요.

I can't get the cable channels.
[아이 캔 겟 더 케이블 췌널스.]

· 리모컨이 안 돼요.

The TV remote control is not working.
[더 티뷔 뤼못 컨트롤 이즈 낫 월킹.]

· 음량 조절 어떻게 해요?

How do I control the volume?
[하우 두 아이 컨트롤 더 볼륨?]

· 채널 조절이 안 돼요.

I can't adjust the channel.
[아이 캔 어드줘쓰 더 췌널.]

21 청소 clean [클린]

청소를 별도로 요청해야 하는 호텔도 있습니다. 이 때 추가요금이 있는지 확인하세요.

· 청소해 주세요.

Clean my room.
[클린 마이 룸.]

· 방 청소 안 되었어요.

Nobody cleaned my room.
[노바리 클린드 마이 룸.]

· 청소 안 해주셔도 됩니다.

You don't have to clean my room.
[유 돈 햅 투 클린 마이 룸.]

· 오후에 청소 해주세요.

Clean my room this afternoon.
[클린 마이 룸 디스 애프터눈.]

· 화장실 청소가 안 되어 있어요.

Nobody cleaned the restroom.
[노바리 클린드 더 뤠쓰룸.]

· 쓰레기통이 안 비워져 있어요.

The rubbish bin is not empty.
[더 러비쉬 빈 이즈 낫 엠티.]

22 모닝콜 / wake-up call [웨이껍 콜]

혼자 깰 자신이 없다면?

· 모닝콜 해주세요.

I want a wake-up call.
[아이 원 어 웨이껍 콜.]

· 7시에 해주세요.

Make it at seven.
[메이낏 앳 쎄븐.]

· 모닝콜 취소할게요.

I wanna cancel my wake-up call.
[아이 워너 캔쓸 마이 웨이껍 콜.]

· 모닝콜 연달아 두 번 해주세요.

I want two wake-up calls in a row.
[아이 원 투 웨이껍 콜 인 어 뤄우.]

23 룸 서비스  room service [룸 썰비쓰]

하루쯤 룸 서비스를 시켜보는 것도 기분 내는 데 좋겠죠?

· 룸 서비스 시킬게요.

I wanna order room service.
[아이 워너 오러 룸 썰비쓰.]

· 룸 서비스 메뉴 보고 싶어요.

I wanna see the room service menu.
[아이 워너 씨 더 룸 썰비쓰 메뉴.]

호텔

· 룸 서비스로 아침 갖다 주세요.

I want my breakfast brought up to my room.
[아이 원 마이 브렉퍼스트 브뤗 업 투 마이 룸.]

· 룸 서비스로 와인 갖다 주세요.

I want some wine brought up to my room.
[아이 원 썸 와인 브뤗 업 투 마이 룸.]

24 개인금고 safe [쎄이프]

개인금고가 구비되어 있지 않은 곳이라면,
프론트에 맡기고 확인증을 꼭 받아 두도록 합시다.

· 개인금고 어떻게 써요?

How do I use the safe?
[하우 두 아이 유즈 더 쎄이프?]

· 개인금고 안 열려요.

The safe won't open.
[더 쎄이프 원 오픈.]

· 개인금고에 뭐가 있어요.

There's something in the safe.
[데얼즈 썸띵 인 더 쎄이프.]

25 세탁 laundry [라운드뤼]

세탁 서비스를 제공하지 않는 곳도 있으니
주변에 세탁소가 있는 지 프론트에 물어보도록 합시다.

· 세탁 서비스 신청할게요.

I want a laundry service.
[아이 원 어 라운드뤼 써비스.]

· 세탁 서비스 언제 와요?

When is the laundry service coming?
[웬 이즈 더 라운드뤼 써비스 커밍?]

· 세탁물이 망가졌어요.

My laundry is damaged.
[마이 라운드뤼 이즈 데미쥐드.]

26 얼음 · ice [아이쓰]

더운 여름에는 얼음이 필수!

· 얼음이 없어요. There's no ice.
[데얼즈 노 아이쓰.]

· 얼음 어디서 가져와요? Where do I get the ice?
[웨어 두 아이 겟 디 아이쓰?]

· 얼음 좀 갖다 주세요. Get me some ice.
[겟 미 썸 아이쓰.]

27 체크아웃 · check-out [췌카웃]

체크아웃 시간을 꼭 확인하세요. 요금을 더 내야 할 수도 있으니까요!

· 체크아웃 할게요. Check-out, please.
[췌카웃, 플리즈.]

· 체크아웃 몇 시예요? What time is the check-out?
[왓 타임 이즈 더 췌카웃?]

· 하루 더 연장할게요. I wanna extend one more day.
[아워너 익스텐드 원 모어 데이.]

· 체크아웃 좀 있다 할게요. I wanna check-out later.
[아워너 췌카웃 레이러.]

28 계산서 · bill [빌]

계산서는 꼼꼼히 확인합시다.

· 계산서 보여주세요. Show me the bill.
[쇼미 더 빌.]

호텔

· 계산서 틀렸어요. The bill is wrong.
[더 빌 이즈 뤙.]

· 자세한 계산서 보여주세요. I want a detailed bill.
[아이 원 어 디테일드 빌.]

29 추가 ✚ extra [엑쓰트롸]

부당하게 부과된 추가요금이 있는지 꼭 확인해 보세요!

· 추가 요금이 붙었는데요. Here's the extra charge.
[히얼스 디 엑쓰트롸 촤쥐.]

· 어떤 게 추가된 거예요? What's the extra charge here?
[왓츠 디 엑쓰트롸 촤쥐 히어?]

· 이 추가 요금 설명해 주세요. Explain this extra charge.
[익스플레인 디스 엑스트롸 촤쥐.]

30 미니바 minibar [미니바]

공짜인 줄 알고 막 먹으면 큰일나요!

· 미니바 이용 안 했는데요. I didn't use the minibar.
[아이 디든 유즈 더 미니바.]

· 미니바에서 물만 마셨어요. I only had water from the minibar.
[아이 온리 해드 워러 프롬 더 미니바.]

· 미니바에서 맥주만 마셨어요. I only had a beer from the minibar.
[아이 온리 해더 비어 프롬 더 미니바.]

· 미니바 요금이 잘못 됐어요. The minibar charge is not right.
[더 미니바 촤쥐 이즈 낫 롸잇.]

31 요금 · charge [좌쥐]

요금은 항상 꼼꼼하게 확인하기!

- 이 요금은 뭐죠? — What's this charge for? [왓츠 디스 좌쥐 포?]
- 요금이 더 나온 거 같은데요. — I think this amount isn't right. [아이 띵크 디스 어마운트 이즌 롸잇.]
- 요금 합계가 틀렸어요. — The total charge doesn't add up. [더 토럴 좌쥐 더즌 애덥.]

32 신용카드 · credit card [크뤠딧 카드]

외국에서도 쓸 수 있는 신용카드인지 반드시 확인하세요!

- 신용카드 되나요? — Do you take credit cards? [두 유 테익 크뤠딧 카즈?]
- 신용카드 안 긁혀요. — Your credit card doesn't work. [유어 크뤠딧 카드 더즌 웍.]
- 다른 신용카드 없어요. — I don't have any other credit card. [아이 돈 해배니 아덜 크뤠딧 카드.]
- 한 번 더 긁어봐 주세요. — Please try one more time. [플리즈 트롸이 원 모어 타임.]
- 여행자 수표 받아요? — Do you take traveler's checks? [두 유 테익 트뤠블러스 췍스?]
- 현금 없어요. — I don't have any cash. [아이 돈 해배니 캐쉬.]
- 할인 없나요? — Can I get a discount? [캐나이 게러 디스카운트?]

호텔

33 택시 taxi [택씨]

택시는 다른 말로 cab [캡]

· 택시 좀 불러주세요.
Please call a taxi.
[플리즈 콜 어 택씨.]

· 택시 비싼가요?
Is taking a taxi expensive?
[이즈 테이킹 어 택씨 익쓰펜씹?]

· 택시로 어디 가시게요?
Where are you gonna go?
[웨어 아유 거나 고?]

34 공항 airport [에어폿]

공항으로 가는 무료 셔틀버스가 있을 수도 있습니다. 확인해 보세요!

· 공항 갈 거예요.
I'm going to the airport.
[암 고잉 투 디 에어폿.]

· 공항 가려면 뭐 타요?
What should I take to the airport?
[왓 슈라이 테익 투 디 에어폿?]

· 공항 가는 버스 있어요?
Is there a bus going to the airport?
[이즈 데어러 버스 고잉 투 디 에어폿?]

- 호텔 수속하기 -

I'd like to check-in, please.

체크인을 하고 싶은데요?

Of course. What is your last name?

물론이죠. 성이 어떻게 되시죠?

It's Moreno. I'm staying three nights.

모레노입니다. 3박 4일 머물 예정입니다.

I have your reservation here, Mr. Moreno.
Here is your room key.
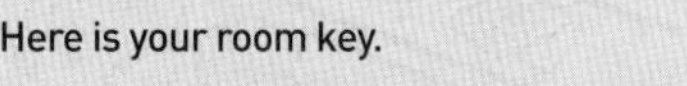
You'll be in room 235, on the second floor.

여기 예약이 돼 있네요, 모레노 님.
여기 방 열쇠가 있습니다.
235호에 머무시게 될 거고 2층에 있습니다.

위급상황

필요한 단어

고장이에요	not working [낫 월킹]	안 나와요	not coming [낫 커밍]
안 열려요	can't open [캔 오픈]	도둑맞았어요	robbed [랍드]
갇혔어요	stuck [스턱]	아파요	sick [씩]
잃어버렸어요	lost [러스트]	응급차	ambulance [앰뷸런쓰]

빨리찾아 말하면 OK!

· 드라이어가 고장이에요.	The dryer is not working. [더 드롸이어 이즈 낫 월킹.]
· 텔레비전이 고장이에요.	The television is not working. [더 텔레비전 이즈 낫 월킹.]
· 컴퓨터가 고장이에요.	The computer is not working. [더 컴퓨러 이즈 낫 월킹.]
· 전화기가 고장이에요.	The phone is not working. [더 폰 이즈 낫 월킹.]
· 샤워기가 고장이에요.	The shower hose is not working. [더 샤워 호스 이즈 낫 월킹.]
· 비데가 고장이에요.	The bidet is not working. [더 비뎃 이즈 낫 월킹.]
· 문이 안 열려요.	I can't open the door. [아이 캔 오픈 더 도어.]
· 화장실 문이 안 열려요.	I can't open the bathroom door. [아이 캔 오픈 더 배쓰룸 도어.]
· 금고가 안 열려요.	I can't open the safe. [아이 캔 오픈 더 쎄이프.]
· 커튼이 안 열려요.	I can't open the curtains. [아이 캔 오픈 더 컬튼스.]
· 방에 갇혔어요.	I'm stuck in the room. [암 스턱 인 더 룸.]
· 엘리베이터에 갇혔어요.	I'm stuck in the elevator. [암 스턱 인 디 엘리베이러.]

· 화장실에 갇혔어요. I'm stuck in the bathroom.
[암 스턱 인 더 배쓰룸.]

· 방 키를 잃어버렸어요. I lost my room key.
[아이 러스트 마이 룸 키.]

· 쿠폰을 잃어버렸어요. I lost my coupon.
[아이 러스트 마이 쿠폰.]

· 여권을 잃어버렸어요. I lost my passport.
[아이 러스트 마이 패쓰포트.]

· 전화기를 잃어버렸어요. I lost my phone.
[아이 러스트 마이 폰.]

· 노트북을 잃어버렸어요. I lost my laptop.
[아이 러스트 마이 랩탑.]

· 신발을 잃어버렸어요. I lost my shoes.
[아이 러스트 마이 슈즈.]

· 귀중품을 잃어버렸어요. I lost my valuables.
[아이 러스트 마이 밸류애블즈.]

· 엘리베이터가 안 와요. The elevator is not coming here.
[디 엘리베이러 이즈 낫 커밍 히어.]

· 식사가 안 나와요. My meal is not here yet.
[마이 밀 이즈 낫 히얼 옛.]

· 룸 서비스가 안 와요. My room service is not here yet.
[마이 룸 썰비쓰 이즈 낫 히얼 옛.]

· 세탁 서비스가 안 와요. My laundry is not here yet.
[마이 라운드뤼 이즈 낫 히얼 옛.]

· 물이 안 나와요. Water is not coming out.
[워러 이즈 낫 커밍 아웃.]

· 케이블이 안 나와요. | I can't get the cable on. [아이 캔 겟 더 케이블 온.]

· 제 방 도둑맞았어요. | My room was robbed. [마이 룸 워즈 롭드.]

· 제 가방 도둑맞았어요. | My bag was robbed. [마이 백 워즈 롭드.]

· 제 짐 도둑맞았어요. | My baggage was robbed. [마이 배기쥐 워즈 롭드.]

· 제 금고 도둑맞았어요. | My safe was robbed. [마이 쎄이프 워즈 롭드.]

· 속이 안 좋아요. | I feel sick. [아이 필 씩.]

· 배가 아파요. | I have a stomachache. [아이 해버 스타믹에익.]

· 머리가 아파요. | I have a headache. [아이 해버 헤드에익.]

· 팔이 부러졌어요. | I broke my arm. [아이 브록 마이 암.]

· 다리가 부러졌어요. | I broke my leg. [아이 브록 마이 렉.]

· 응급차 불러주세요. | Call an ambulance. [콜 언 앰뷸런쓰.]

까칠한 여행영어

아 상쾌해~
Tra-la
Tra-la
I'm starving.
배고프다~

TADA
짜잔~

Oh? What's this?
음? 뭐지?
스윽

Eeeeek
안돼!!
Nah!
꺄아아아악~
나 바퀴벌레
두둥!
Hi

참지 마세요! 할말은 합시다!
Don't bear it!

호텔

I found a bug in my room.
방에서 벌레가 나왔어요.

Get me a different room.
방을 바꿔 주세요.

My TV doesn't work.
TV가 안 나와요.

My room is too hot.
방이 너무 더워요.

TO
LAS

PART 07
식당에서

No.	한국어	English	발음
01	2명이요	two	[투]
02	예약	reservation	[뤠저베이션]
03	테이블	table	[테이블]
04	웨이터	waiter	[웨이러]
05	주문	order	[오러]
06	메뉴	menu	[메뉴]
07	추천	recommendation	[뤠커멘데이션]
08	에피타이저	appetizer	[에피타이저]
09	수프	soup	[쑵]
10	샐러드	salad	[쌜러드]
11	스테이크	steak	[스테익]
12	해산물	seafood	[씨푸드]
13	닭	chicken	[취킨]
14	소스	sauce	[쏘스]
15	포크	fork	[폴크]
16	나이프	knife	[나이프]
17	디저트	dessert	[디절트]
18	음료	drink	[드륑크]
19	휴지	napkin	[냅킨]
20	계산서	check	[췍]
21	신용카드	credit card	[크뤠딧 카드]
22	팁	tip	[팁]

23 세트 combo meal [콤보 밀]

24 단품 single menu [싱글 메뉴]

25 햄버거 burger [버거]

26 감자칩 chips [칩스]

27 콜라 Coke [코크]

28 여기서 먹을 거예요 for here [폴 히어]

29 포장이요 to go [투 고]

30 소스 sauce [쏘스]

31 음료 drink [드륑크]

32 얼음 ice [아이쓰]

33 빨대 straw [스트로]

34 냅킨 napkin [냅킨]

35 뜨거운 hot [핫]

36 차가운 iced [아이쓰드]

37 우유 milk [미역]

38 시럽 syrup [씨뤕]

39 휘핑크림 whipped cream [윕드 크림]

40 사이즈 size [싸이즈]

41 추가 extra [엑쓰트롸]

42 케이크 cake [케익]

43 샌드위치 sandwich [쌘드위치]

44 베이글 bagel [베이글]

45 와이파이 wi-fi [와이파이]

46 화장실 restroom [뤠쓰룸]

식당

빨리찾아 읽으세요

01 2명이요 　 two [투]

손가락과 함께 웃으면서~

· 2명이요. 　 A table for two.
[어 테이블 포 투.]

· 혼자예요. 　 Only me.
[온리 미.]

02 예약 　 reservation [뤠저베이션]

고급 레스토랑은 예약하고 가야 한다.

· 예약했어요. 　 I got a reservation.
[아이 가러 뤠저베이션.]

· 예약 안 했어요. 　 I got no reservation.
[아이 갓 노 뤠저베이션.]

· 2명으로 예약했어요. 　 I got a reservation for two.
[아이 가러 뤠저베이션 포 투.]

· 이시원으로 예약했어요. 　 I got a reservation under name Siwon Lee.
[아이 가러 뤠저베이션 언더 네임 시원 리.]

03 테이블 　 table [테이블]

식당에서의 테이블은 '자리'의 개념도 된다.

· 테이블이 더러워요. 　 The table is too dirty.
[더 테이블 이즈 투 더리.]

· 테이블 닦아줘요.

Clean the table, please.
[클린 더 테이블, 플리즈.]

· 테이블 흔들거려요.

The table is wobbling.
[더 테이블 이즈 워블링.]

· 테이블 너무 좁아요.

The table is too small.
[더 테이블 이즈 투 스몰.]

· 다른 자리로 주세요.

Get me another table.
[겟 미 어나덜 테이블.]

· 창가 자리로 주세요.

Get me a table near the window
[겟 미 어 테이블 니어 더 윈도우.]

04 웨이터 waiter [웨이러]

웨이터는 'server [써버]'라고도 한다.

· 여기요!

Waiter!
[웨이러!]

· 제 웨이터를 불러줘요.

Call my server.
[콜 마이 써버.]

· 매니저를 불러줘요.

Call the manager.
[콜 더 매니저.]

· 매니저랑 얘기할래요.

I wanna speak to the manager.
[아이 워너 스픽 투 더 매니저.]

식당

05 주문 order [오러]

주문할 때 두근두근! 떨지 마세요~ 파이팅!

· 주문할게요.
I wanna order now.
[아이 워너 오러 나우.]

· 주문할 준비됐어요.
I'm ready to order.
[암 뤠리 투 오러.]

· 주문했는데요.
I already ordered.
[아이 올뤠리 오러드.]

· 제 주문 오래 전에 했어요.
I already ordered mine ages ago.
[아이 올뤠리 오러드 마인 에이쥐스 어고.]

· 주문 하시겠어요?
Will you order?
[윌 유 오러?]

06 메뉴  menu [메뉴]

메뉴가 참 많다!

· 메뉴 어떤 걸로 하실래요?
What would you like from the menu?
[왓 우쥬 라익 프롬 더 메뉴?]

· 특별한 메뉴가 있나요?
You got anything special?
[유 갓 애니띵 스페셜?]

· 오늘의 메뉴는 뭐죠?
What's today's special?
[왓츠 투데이스페셜?]

· 메뉴 잘못 나왔어요.
I got the wrong menu.
[아이 갓 더 뤙 메뉴.]

07 추천 recommendation [뤠커멘데이션]

추천 받은 음식은 항상 복불복! 그래도 도전!

· 추천해 줄 메뉴라도?	Any recommendations? [애니 뤠커멘데이션스?]
· 메뉴 추천해주실래요?	Could you give us some recommendations? [쿠쥬 기버스 썸 뤠커먼데이션스?]
· 이 둘 중에 뭘 추천해요?	Which one of these two do you recommend? [위치 원 오브 디즈 투 두 유 뤠커멘?]
· 와인 추천해주세요.	Recommend a nice wine, please. [뤠커멘더 나이쓰 와인, 플리즈.]

08 에피타이저 appetizer [에피타이저]

에피타이저를 꼭 시키셔야 하는 건 아니에요!

· 에피타이저는 어떤 걸로 하실래요?	What would you like for your appetizer? [왓 우쥬 라익 포 유어 에피타이저?]
· 에피타이저가 너무 비싸네요.	The appetizer is too expensive. [디 에피타이저 이즈 투 익스펜십.]
· 에피타이저 추천해 주실래요?	Could you recommend an appetizer? [쿠쥬 뤠커멘던 에피타이저?]
· 에피타이저 가벼운 걸로 추천해 주실래요?	Could you recommend a light appetizer? [쿠쥬 뤠커멘더 라잇 에피타이저?]

식당

09 수프 soup [쑵]

수프를 보면 그 식당을 알 수 있다고 해요!

· 수프는 어떤 게 있죠?
What kind of soups you got?
[왓 카인도브 쑵스 유 갓?]

· 오늘의 수프는 뭐죠?
What's today's soup?
[왓츠 투데이스 쑵?]

· 수프가 너무 뜨거워요.
My soup is too hot.
[마이 쑵 이즈 투 핫.]

· 수프가 너무 차가워요.
My soup is too cold.
[마이 쑵 이즈 투 콜드.]

· 수프 대신 샐러드 주세요.
I want salad instead of soup.
[아이 원 쌜러드 인스테도브 쑵.]

10 샐러드 salad [쌜러드]

샐러드 드레싱이 마음에 들지 않으면, 다른 걸로 요청하세요!

· 샐러드도 있어요?
You got salad?
[유 갓 쌜러드?]

· 샐러드 종류가 어떻게 되나요?
What kind of salad you got?
[왓 카인도브 쌜러드 유 갓?]

· 그냥 기본 샐러드 주세요.
I'll have a house salad.
[아윌 해버 하우스 쌜러드.]

· 샐러드 드레싱은 뭐가 있어요?
What do you have for the salad dressing?
[왓 두 유 햅 포 더 쌜러드 드뤠씽?]

· 샐러드 드레싱은 따로 주세요. — The dressing on the side, please.
[더 드뤠씽 온 더 싸이드, 플리즈.]

· 샐러드 대신 수프로 주세요. — I want soup instead of salad.
[아이 원 쑵 인스테도브 쌜러드.]

· 제 샐러드 아직 안 나왔어요. — My salad hasn't come out yet.
[마이 쌜러드 해즌 컴 아웃 옛.]

11 스테이크 steak [스테익]

한국 패밀리 레스토랑에서 말하던 그대로 말해보자.

· 스테이크로 할게요. — I'll have steak.
[아윌 햅 스테익.]

· 스테이크 굽기는 어떻게 해드릴까요? — How would you like your steak?
[하우쥬 라익 유어 스테익?]

· 레어로 해주세요. — Rare, please.
[뤠어, 플리즈.]

· 미디엄으로 해주세요. — Medium, please.
[미디엄, 플리즈.]

· 웰던으로 해주세요. — Well done, please.
[웰 던, 플리즈.]

· 이거 너무 익었어요. — This is overcooked.
[디스 이즈 오버쿡드.]

· 이거 너무 덜 익었어요. — This is too undercooked.
[디스 이즈 투 언더쿡드.]

식당

12 해산물  seafood [씨푸드]

레스토랑에 가기 전에, 좋아하는 해산물 이름은 미리 영어로 파악하는 센스!

· 해산물 요리로 할게요. I'll have seafood. [아윌 햅 씨푸드.]

· 해산물 알레르기가 있어요. I have a seafood allergy. [아이 해버 씨푸드 알러쥐.]

· 어떤 해산물 요리 추천해요? Which seafood do you recommend? [위치 씨푸드 두 유 뤠커멘?]

13 닭  chicken [취킨]

뭘 먹을지 모르겠다면, 언제나 닭 요리! 실패할 확률이 적다고 해요!

· 닭 요리로 할게요. I'll have chicken. [아윌 햅 취킨.]

· 닭 요리로 추천해 주실 수 있나요? Could you recommend a chicken menu? [쿠쥬 뤠커멘더 취킨 메뉴?]

· 닭이 덜 익었어요. My chicken is undercooked. [마이 취킨 이즈 언더쿸드.]

· 닭이 너무 많이 익었어요. My chicken is overcooked. [마이 취킨 이즈 오버쿸드.]

14 소스  sauce [쏘스]

양식은 소스의 선택이 중요하다.

· 소스는 따로 주세요. Sauce on the side, please. [쏘스 온 더 싸이드, 플리즈.]

· 소스 많이 주세요.
A lot of sauce, please.
[어 랏 오브 쏘스, 플리즈.]

· 소스 더 주세요.
More sauce, please.
[모어 쏘스, 플리즈.]

· 다른 소스 있어요?
You got different sauce?
[유 갓 디퍼런 쏘스?]

15 포크  fork [폴크]

젓가락이 그립다…

· 포크 떨어뜨렸어요.
I dropped my fork.
[아이 드랍드 마이 폴크.]

· 포크에 뭐가 묻어있어요.
There's something on my fork.
[데얼즈 썸띵 온 마이 폴크.]

· 포크 하나 더 주세요.
I want one more fork.
[아이 원 원 모어 폴크.]

· 다른 포크로 주세요.
I want another fork.
[아이 원 어나덜 폴크.]

16 나이프  knife [나이프]

포크는 왼 손, 나이프는 오른 손.

· 나이프 떨어뜨렸어요.
I dropped my knife.
[아이 드랍드 마이 나이프.]

· 나이프에 뭐가 묻어있어요.
There's something on my knife.
[데얼즈 썸띵 온 마이 나이프.]

식당

· 나이프 하나 더 주세요. I want one more knife. [아이 원 원 모어 나이프.]

· 다른 나이프로 주세요. I want another knife. [아이 원 어나덜 나이프.]

17 디저트 dessert [디절트]

여행가서만큼은 칼로리 걱정하지 않기!

· 디저트 뭐 있어요? What kind of dessert you got? [왓 카인도브 디절트 유 갓?]

· 이제 디저트 먹을게요. I'll have the dessert now. [아윌 햅 더 디절트 나우.]

· 달지 않은 디저트 있어요? You got anything semisweet? [유 갓 애니띵 쎄미스윗?]

· 아이스크림 종류는 뭐 있어요? What flavors you got for ice cream? [왓 플레이버 유 갓 포 아이스크림?]

· 그냥 디저트는 안 먹을게요. I'll skip the dessert. [아윌 스킵 더 디절트.]

18 음료 drink [드륑크]

영어 못한다고 물만 마시지 말자.

· 음료는 어떤 게 있어요? What kind of drinks you got? [왓 카인도브 드륑스 유 갓?]

· 그냥 물 주세요. I'll just have water. [아윌 저스 햅 워러.]

· 탄산수 주세요.
I'll have a Perrier.
[아월 해버 페뤼에.]

· 콜라 주세요.
I'll have a Coke.
[아월 해버 코크.]

· 사이다 주세요.
I'll have a Sprite.
[아월 해버 스프롸잇.]

· 진저에일 주세요.
I'll have a ginger ale.
[아월 해버 진저뤠일.]

· 맥주 주세요.
I'll have a beer.
[아월 해버 비어.]

· 와인 한 잔 주세요.
I'll have a glass of wine.
[아월 해버 글래쓰 오브 와인.]

· 아이스 티 주세요.
I'll have an iced tea.
[아월 해번 아이쓰티.]

· 얼음 많이 주세요.
Put a lot of ice, please.
[푸러 랏 오브 아이쓰, 플리즈.]

19 휴지 napkin [냅킨]

식당에서 냅킨은 필수!

· 휴지 주세요.
Get me napkins.
[겟 미 냅킨즈.]

· 휴지 더 주세요.
Get me more napkins.
[겟 미 모어 냅킨즈.]

· 화장실에 휴지가 없어요.
There's no toilet paper in the restroom.
[데얼즈 노 토일렛 페이퍼 인 더 뤠쓰룸.]

· 물티슈 있어요?
You got some wet tissue?
[유 갓 썸 웻 티쓔?]

20 계산서 check [췍]

계산서는 항상 꼼꼼히 확인!

· 계산할게요.
Check, please.
[췍, 플리즈.]

· 계산서 주실래요?
Can I have my check?
[캐나이 햅 마이 췍?]

· 계산서가 잘못 됐어요.
Something is wrong with my check.
[썸띵 이즈 뤙 윗 마이 췍.]

· 이 메뉴 안 시켰는데요.
I never ordered this menu.
[아이 네버 오럴드 디스 메뉴.]

· 세금 포함한 금액이에요?
Is tax included in this?
[이즈 택스 인클루디드 인 디스?]

21 신용카드 credit card [크뤠딧 카드]

신용카드를 받지 않는 곳도 있으니 비상 현금은 필수!

· 신용카드 되나요?
Do you take credit cards?
[두 유 테익 크뤠딧 카즈?]

· 여행자 수표 되나요?
Do you take traveler's checks?
[두 유 테익 트뤠블러스 췍스?]

· 현금으로 할게요.
I'll pay in cash.
[아윌 페이 인 캐쉬.]

22 팁 tip [팁]

팁은 문화다! 아깝다고 생각하지 말자.

· 팁 여기요.
Here's my tip.
[히얼즈 마이 팁.]

· 팁은 포함 안 되어 있습니다. The tip is not included.
[더 팁 이즈 낫 인클루디드.]

· 팁은 테이블 위에 두었어요. I left your tip on the table.
[아이 레프트 유어 팁 온 더 테이블.]

23 세트 combo meal [콤보 밀]

'combo'와 'meal' 중 하나만 말해도 된다.

· 5번 세트 주세요. I'll have meal number five.
[아윌 햅 밀 넘버 퐈이브.]

· 세트 가격이에요? Is this a combo price?
[이즈 디써 콤보 프롸이쓰?]

24 단품 single menu [싱글 메뉴]

무조건 세트 주문했다가 큰 햄버거에 당황할 수 있다.

· 아니요, 단품으로요. No, single menu.
[노, 싱글 메뉴.]

· 단품 가격이에요? Is this the price for a single item?
[이즈 디스 더 프롸이쓰 포러 싱글 아이템?]

25 햄버거 burger [버거]

여행 중에는 배가 고파서 평소보다 많이 먹게 되죠.

· 햄버거만 하나 할게요. I'll just have a burger.
[아윌 저쓰 해버 버거.]

· 햄버거로만 두 개요. Two burgers, please.
[투 버거스, 플리즈.]

식당

· 햄버거 하나 얼마예요? How much for one burger?
[하우 머취 포 원 버거?]

26 감자칩 chips [췹스]

potato chips [포테이토 췹스] 라고 하셔도 됩니다.

· 감자칩만 하나 할게요. I'll just have chips.
[아윌 저쓰 햅 췹스.]

· 감자칩 큰 걸로요. I'll have chips, large size.
[아윌 햅 췹스, 랄쥐 싸이즈.]

· 감자칩만 얼마예요? How much for just chips?
[하우 머취 포 저쓰 췹스?]

27 콜라 Coke [코크]

어딜 가든 cocacola는 다 있다.

· 콜라 주세요. I'll have a Coke.
[아윌 해버 코크.]

· 다이어트 콜라로 주세요. I'll have a diet Coke.
[아윌 해버 다이엇 코크.]

28 여기서 먹을 거예요 for here [폴 히어]

For here or to go? [드시고 가세요 아니면 포장?] 이라고 점원이 물어 볼 거예요.

· 드시고 가세요? 아니면 포장이세요? Is it for here or to go?
[이짓 폴 히어 올 투 고?]

· 여기서 먹을 거예요. It's for here. [잇츠 폴 히어.]

29 포장이요 to go [투 고]

'take out'은 우리나라에서만 쓴다.

· 드시고 가세요? 아니면 포장이세요? Is it for here or to go? [이짓 폴 히어 올 투 고?]

· 포장이에요. To go. [투 고.]

· 감자칩만 포장해주세요. Chips to go, please. [칩스 투 고, 플리즈.]

· 햄버거만 포장해주세요. A burger to go, please. [어 버거 투 고, 플리즈.]

· 샐러드만 포장해주세요. A salad to go, please. [어 쌜러드 투 고, 플리즈.]

30 소스 sauce [쏘스]

다양한 소스! 맛있는 걸로~

· 소스는 뭐뭐 있어요? What kind of sauce you got? [왓 카인도브 쏘스 유 갓?]

· 그냥 케첩 주세요. I'll just have ketchup. [아윌 저쓰 햅 켓첩.]

· 머스타드 소스 주세요. I'll have mustard. [아윌 햅 머스타드.]

· 칠리 소스 주세요. I'll have chili sauce. [아윌 햅 칠리 쏘스.]

식당

· 바비큐 소스 주세요. I'll have barbeque sauce.
[아윌 햅 발비큐 쏘스.]

31 음료 drink [드륑크]

Bring Your Own Bottle [BYOB] : 니 술은 니가 가져오세요.

· 음료는 어떤 걸로 하실래요? What would you like for your drink?
[왓 우쥬 라익 포 유어 드륑크?]

· 탄산음료 하실래요? Would you like soda?
[우쥬 라익 소다?]

· 오렌지 주스 주세요. I'll have orange juice.
[아윌 햅 오뤤지 주스.]

· 콜라 주세요. I'll have a Coke.
[아윌 해버 코크.]

· 사이다 주세요. I'll have a Sprite.
[아윌 해버 스프롸잇.]

· 커피 주세요. I'll have coffee.
[아윌 햅 커퓌.]

· 리필 되나요? Can I get a refill?
[캐나이 게러 뤼필?]

32 얼음 ice [아이쓰]

더운 여름엔 필수!

· 얼음 많이 주세요. A lot of ice, please.
[어 랏 오브 아이쓰, 플리즈.]

· 얼음 조금만 주세요. A little bit of ice, please.
[어 리를 비로브 아이쓰, 플리즈.]

· 얼음 너무 많아요.

Too much ice.
[투 머취 아이쓰.]

· 얼음 빼고 주세요.

No ice, please.
[노 아이쓰, 플리즈.]

33 빨대 straw [스트로]

음료는 쪽쪽 빨아 먹는 게 제 맛!

· 빨대 어디 있어요?

Where are the straws?
[웨어 아더 스트로우스?]

· 빨대 안 주셨는데요.

You never got me a straw.
[유 네버 갓 미 어 스트로.]

· 빨대 없어요.

There's no straw here.
[데얼즈 노 스트로 히어.]

· 빨대 더 주세요.

More straws, please.
[모어 스트로우스, 플리즈.]

· 빨대도 넣어 주셨어요?

Did you put straws in here?
[디쥬 풋 스트로우스 인 히얼?]

식당

34 냅킨  napkin [냅킨]

식당에서 냅킨은 필수!

· 냅킨 어디 있어요?

Where are the napkins?
[웨어 아더 냅킨즈?]

· 냅킨 더 주세요.

More napkins, please.
[모어 냅킨즈, 플리즈.]

· 여기 냅킨 없어요.

No napkins here.
[노 냅킨즈 히어.]

· 냅킨 많이 좀 주세요.

A lot of napkins, please.
[어 랏 오브 냅킨즈, 플리즈.]

35 뜨거운  hot [핫]

뜨거운 컵에 cup sleeve [컵 슬리브] 는 필수!

· 뜨거운 아메리카노 한 잔이요.

One hot Americano.
[원 핫 아메뤼카노.]

· 뜨거운 라떼 한 잔이요.

One hot Latte.
[원 핫 라테이.]

· 머그에 뜨거운 물 좀 주세요.

Get me some hot water in a mug, please.
[겟 미 썸 핫 워러 이너 머그, 플리즈.]

36 차가운  iced [아이쓰드]

여름엔 아이스 아메리카노!

· 아이스 아메리카노 한 잔이요.

One iced Americano.
[원 아이쓰드 아메뤼카노.]

· 아이스 라떼 한 잔이요.

One iced Latte.
[원 아이쓰드 라테이.]

· 얼음물 주세요.

Get me some iced water, please.
[겟 미 썸 아이쓰드 워러, 플리즈.]

· 그냥 물 주세요.

Get me some water, please.
[겟 미 썸 워러, 플리즈.]

37 우유

milk [미역]

밀크라고 하면 못 알아 듣는다.

- 우유 많이 넣어주세요.
  With a lot of milk.
  [위더 랏 오브 미역.]
- 우유 어떤 걸로 넣어드릴까요?
  What kind of milk would you like?
  [왓 카인도브 미역 우쥬 라익?]
- 무지방 우유로 넣어주세요.
  Make it non-fat.
  [메이킷 넌-팻.]
- 저지방 우유로 넣어주세요.
  Make it low-fat.
  [메이킷 로우-팻.]
- 두유로 넣어주세요.
  Soy milk, please.
  [쏘이 미역, 플리즈.]

38 시럽

syrup [씨뤕]

Sweet'n Low [스윗앤로]라는 설탕을 달라고 해보세요!

- 시럽 넣어 드려요?
  Do you want syrup in it?
  [두 유 원 씨뤕 이닛?]
- 시럽 빼주세요.
  No syrup, please.
  [노 씨뤕, 플리즈.]
- 시럽 조금만 넣어주세요.
  A little bit of syrup, please.
  [어 리를 빗 오브 씨뤕, 플리즈.]
- 바닐라 시럽 넣어주세요.
  Vanilla syrup, please.
  [버닐러 씨뤕, 플리즈.]

· 헤이즐넛 시럽 넣어주세요. Hazelnut syrup, please.
[헤이즐넛 씨뤕, 플리즈.]

· 시럽 어디 있어요? Where is the syrup?
[웨얼 이즈 더 씨뤕?]

39 휘핑크림  whipped cream [윕드 크림]

너무 많이 먹으면 살쪄요!

· 휘핑크림 올려드릴까요? Do you want some whipped cream on it?
[두 유 원 썸 윕드 크림 오닛?]

· 휘핑크림 빼주세요. No whipped cream.
[노 윕드 크림.]

· 휘핑크림 조금만요. A little bit of whipped cream.
[어 리를 빗 오브 윕드 크림.]

· 휘핑크림 많이 주세요. A lot of whipped cream.
[어 랏 오브 윕드 크림.]

40 사이즈  size [싸이즈]

보통 사이즈는 Regular size [뤠귤러 싸이즈]라고 하시면 됩니다.

· 사이즈 어떤 걸로 드려요? Which size would you like?
[위치 싸이즈 우쥬 라익?]

· 사이즈 어떤 거 있어요? What sizes do you have?
[왓 싸이시즈 두 유 햅?]

· 이게 무슨 사이즈예요? What size is this?
[왓 싸이즈 이즈 디스?]

· 제일 큰 거 주세요.
I'll have the biggest one.
[아윌 햅 더 비기스트 원.]

· 제일 작은 거 주세요.
I'll have the smallest one.
[아윌 햅 더 스몰리스트 원.]

41 추가 ✚ extra [엑쓰트롸]

추가하시는 것 요금 꼼꼼히 확인하세요~

· 에스프레소 샷 추가해 주세요.
I'll have one extra espresso shot.
[아윌 햅 원 엑쓰트롸 에스프레쏘 샷.]

· 휘핑 크림 추가해 주세요.
I'll have extra whipped cream.
[아윌 햅 엑쓰트롸 윕드 크림.]

· 시럽 추가해 주세요.
I'll have extra syrup.
[아윌 햅 엑쓰트롸 씨뤕.]

· 라떼 거품 많이요.
I'll have extra foam in my latte.
[아윌 햅 엑쓰트롸 폼 인 마이 라테이.]

· 우유 많이요.
I'll have extra milk.
[아윌 햅 엑쓰트롸 미역.]

· 계피 가루 많이요.
I'll have extra cinnamon powder.
[아윌 햅 엑쓰트롸 씨나먼 파우더.]

42 케이크 cake [케익]

한 조각은 one piece [원 피쓰] 라고 해요.

· 케이크 종류 뭐 있어요?
What kind of cake you got?
[왓 카인도브 케익 유 갓?]

· 이 케이크는 얼마예요?
How much is this cake?
[하우 머취 이즈 디스 케익?]

· 한 조각 주세요.
I'll have one piece.
[아윌 햅 원 피쓰.]

· 초콜릿 케이크 주세요.
I'll have a chocolate cake.
[아윌 해버 춰콜릿 케익.]

· 치즈 케이크 주세요.
I'll have cheesecake.
[아윌 햅 취즈 케익.]

· 라즈베리 케이크 주세요.
I'll have a raspberry cake.
[아윌 해버 롸즈베리 케익.]

43 샌드위치 sandwich [쌘드위치]

간단하게 때워야 할 땐 샌드위치가 최고죠!

· 샌드위치 있어요?
You got sandwiches?
[유 갓 쌘드위치스?]

· 샌드위치 뭐 있어요?
What kind of sandwiches you got?
[왓 카인도브 쌘드위치스 유 갓?]

· 빵 종류는 어떤 걸로 드릴까요?
What type of bread do you want?
[왓 타입 오브 브뤠드 두 유 원?]

· 그냥 밀가루 빵이요.
Just white bread, please.
[저쓰 와잇 브뤠드, 플리즈.]

· 호밀 빵이요.
Whole wheat, please.
[홀 윗, 플리즈.]

· 여기엔 뭐 들어 있어요?
What's in here?
[왓츠 인 히어?]

· 양파 빼 주세요.
No onions, please.
[노 언니언즈, 플리즈.]

· 야채 추가요.
Extra vegetables, please.
[엑쓰트롸 베쥐타블스, 플리즈.]

· 치즈 추가요.
Extra cheese, please.
[엑쓰트롸 취즈, 플리즈.]

· 샌드위치 식었어요.
This sandwich is cold.
[디스 쌘드위치 이즈 콜드.]

44 베이글  bagel [베이글]

베이글은 구워야 제 맛!

· 베이글 있어요?
You got bagels?
[유 갓 베이글스?]

· 베이글 뭐 있어요?
What kind of bagels you got?
[왓 카인도브 베이글스 유 갓?]

· 데워드릴까요?
You want this heated up?
[유 원 디스 히딛 업?]

· 베이글 말고 뭐 있어요?
What you got except the bagels?
[왓 유 갓 익셉 더 베이글스?]

· 스콘 있어요?
You got scones?
[유 갓 스콘스?]

45 와이파이 Wifi [와이파이]

어디서든 와이파이가 빵빵 터지는 건 아니라오.

· 여기 와이파이 되나요?
You got Wifi here?
[유 갓 와이파이 히어?]

식당

· 와이파이 비밀번호 뭐예요? What's the Wifi password?
[왓츠 디 와이파이 패쓰워드?]

· 와이파이 좀 연결해 주세요. Get me Wifi, please.
[겟 미 와이파이, 플리즈.]

46 화장실 restroom [뤠쓰룸]

봅 일이 급할 때 말 안 통하면 낭패!

· 화장실 어디 있어요? Where is the restroom?
[웨어 이즈 더 뤠쓰룸?]

· 화장실에 누구 있어요? Is someone in the restroom?
[이즈 썸원 인 더 뤠쓰룸?]

· 화장실이 잠겼는데요. The restroom is locked.
[더 뤠쓰룸 이즈 락드.]

· 화장실 더러워요. The restroom is dirty.
[더 뤠쓰룸 이즈 더리.]

· 화장실에 휴지 없어요. There's no toilet paper in the restroom.
[데얼즈 노 토일렛 페이퍼 인 더 뤠쓰룸.]

- 음식 주문하기 -

Have you decided what you want?

뭐 드실 지 결정하셨나요?

Yes. I'll have a house salad.

네. 기본 샐러드로 주세요.

What kind of dressing would you like?

드레싱은 어떤 걸로 하시겠습니까?

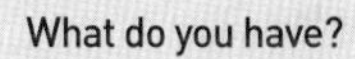

What do you have?

뭐가 있죠?

Vinaigrette, blue cheese, and creamy Italian.

비네그레트, 블루 치즈, 크림 넣은 이탈리아 드레싱이 있습니다.

I'll have blue cheese dressing, on the side.

블루 치즈 드레싱 주세요. 따로요.

까칠한 여행영어

I came first but he gets his menu first?

나보다 늦게 온 사람인데
먼저 나왔네?

What? I came first but he gets to eat all his food and leave already?!!

아니! 나보다 늦게 온 사람이
다 먹고 나가?!!

참지 마세요! 할말은 합시다!
Don't bear it!

When will I get my food?
주문한 음식이 언제 나오죠?

Please hurry.
빨리 갖다 주세요.

I found a bug in my food.
음식에서 벌레가 나왔어요.

My food is undercooked.
음식이 덜 익었어요.

My food is too salty.
너무 짜요.

위급상황

필요한 단어

너무 짜요	too salty [투 쏠티]	바꿔주세요	change [췌인쥐]
너무 뜨거워요	too hot [투 핫]	포장해 주세요	wrap up to go [뤱업 투고]
너무 차가워요	too cold [투 콜드]	이거 안 시켰어요	didn't order [디든 오러]
너무 매워요	too spicy [투 스파이씨]	이거 빼주세요	without [위다웃]
맛이 이상한데요	weird [위얼드]	흘렸어요	spilled [스필드]
떨어뜨렸어요	drop [드랍]	리필	refill [뤼필]
안 나왔는데요	hasn't come out yet [해즌 커마웃 옛]	뭐가 없어요	There's no [데얼즈 노]

빨리찾아 말하면 OK!

· 이거 너무 짜요.	This is too salty. [디스 이즈 투 쏠티.]
· 이거 너무 뜨거워요.	This is too hot. [디스 이즈 투 핫.]
· 조심하세요! 접시 뜨거워요.	Careful! The plate is hot. [케어풀! 더 플레잇 이즈 핫.]
· 저 지금 데일 뻔 했어요!	I almost got burned! [아이 올모스트 갓 번!]
· 이거 너무 차가워요.	This is too cold. [디스 이즈 투 콜드.]
· 데워 주세요.	Heat this up, please. [힛 디스 업, 플리즈.]
· 이거 너무 매워요.	This is too spicy. [디스 이즈 투 스파이씨.]
· 너무 싱거워요.	This is too bland. [디스 이즈 투 블랜드.]
· 소금 좀 주세요.	Get me some salt. [겟 미 썸 쏠트.]
· 이거 맛이 이상한데요.	This tastes weird. [디스 테이스츠 위얼드.]

· 주방장 불러줘요.

Call the chef, please.
[콜 더 쉡, 플리즈.]

· 포크 떨어뜨렸어요.

I dropped my fork.
[아이 드랍드 마이 폴크.]

· 나이프 떨어뜨렸어요.

I dropped my knife.
[아이 드랍드 마이 나이프.]

· 잔을 떨어뜨렸어요.

I dropped my glass.
[아이 드랍드 마이 글래쓰.]

· 접시를 떨어뜨렸어요.

I dropped my plate.
[아이 드랍드 마이 플레잇.]

· 메뉴 안 나왔는데요.

My menu hasn't come out yet.
[마이 메뉴 해즌 커마웃 옛.]

· 수프 안 나왔어요.

My soup hasn't come out yet.
[마이 쑵 해즌 커마웃 옛.]

· 샐러드 안 나왔어요.

My salad hasn't come out yet.
[마이 쌜러드 해즌 커마웃 옛.]

· 에피타이저 안 나왔어요.

My appetizer hasn't come out yet.
[마이 에피타이저 해즌 커마웃 옛.]

· 음료가 안 나왔어요.

My drink hasn't come out yet.
[마이 드링크 해즌 커마웃 옛.]

· 디저트가 안 나왔어요.

My dessert hasn't come out yet.
[마이 디절트 해즌 커마웃 옛.]

· 메인이 먼저 나왔네요.
My main dish came out first.
[마이 메인 디쉬 케임 아웃 퓌스트.]

· 주문 바꿔주세요.
Change my order.
[췌인쥐 마이 오러.]

· 못 먹겠어요.
I can't eat this.
[아이 캔 잇 디스.]

· 이거 포장해주세요.
Please wrap this up to go.
[플리즈 뤱 디스 업 투 고.]

· 이 메뉴 포장해주세요.
I want this menu to go.
[아이 원 디스 메뉴 투 고.]

· 이 메뉴 안 시켰어요.
I didn't order this menu.
[아이 디든 오러 디스 메뉴.]

· 이거 먹은 적 없어요.
I never had this.
[아이 네버 해드 디스.]

· 양파 빼주세요.
Without onion.
[위다웃 어니언.]

· 토마토 빼주세요.
Without tomato.
[위다웃 토메이로.]

· 양상추 빼주세요.
Without lettuce.
[위다웃 레러쓰.]

· 올리브 빼주세요.
Without olives.
[위다웃 올리브스.]

· 계피가루 빼주세요.
No cinnamon powder.
[노 씨나몬 파우더.]

· 치즈 빼주세요.
No cheese.
[노 취즈.]

· 시럽 빼주세요.
No syrup.
[노 씨뤕.]

· 이거 흘렸어요.
I spilled this.
[아이 스필 디스.]

· 콜라 흘렸어요.
I spilled my Coke.
[아이 스필 마이 코크.]

· 물을 흘렸어요.
I spilled my water.
[아이 스필 마이 워러.]

· 제 음료 흘렸어요.
I spilled my drink.
[아이 스필 마이 드륑크.]

· 소스를 흘렸어요.
I spilled my sauce.
[아이 스필 마이 쏘스.]

· 수프를 흘렸어요.
I spilled my soup.
[아이 스필 마이 쑵.]

· 여기 좀 닦아주세요.
Clean here, please.
[클린 히어, 플리즈.]

· 리필 되나요?
Can you refill this?
[캔 유 뤼필 디스?]

· 이거 리필해 주세요.

Refill this, please.
[뤼필 디스, 플리즈.]

· 다른 음료로 리필해 주세요.

Can I get a refill with another kind of drink?
[캐나이 게러 뤼필 위더나덜 카인도브 드륑크?]

· 냅킨이 없어요.

There's no napkin.
[데얼즈 노 냅킨.]

· 빨대가 없어요.

There's no straw.
[데얼즈 노 스트로.]

· 우유가 없어요.

There's no milk.
[데얼즈 노 미역.]

· 시럽이 없어요.

There's no syrup.
[데얼즈 노 씨뤕.]

· 소금이 없어요.

There's no salt.
[데얼즈 노 쏠트.]

PART 08
관광할 때

관광할 때

많은 단어를 알 필요 없다
왜? 말할 게 뻔하니까!

01 매표소 ticket office [티켓 오피스]

02 할인 discount [디스카운트]

03 입구 entrance [엔트뤤쓰]

04 출구 exit [엑씻]

05 입장료 admission [어드미션]

06 추천 recommendation [뤠커멘데이션]

07 안내소 information booth [인포메이션 부쓰]

08 관광 명소 tourist attraction [투어리스트 어트랙션]

09 팜플렛 brochure [브로슈어]

10 영업시간 business hours [비지니싸월스]

11 시간표 timetable [타임테이블]

12 사진 picture [픽쳐]

13 설명 explain [익쓰플레인]

14 일정 schedule [스케쥴]

15 출발 departure [디파춰]

16 도착 arrival [어롸이벌]

17 통역 translation [트뤤슬레이션]

18 시티 투어 city tour [씨리 투어]

19 지도 map [맵]

20 선물 가게 gift shop [기프트 샵]

21 공연 performance [펄포먼쓰]

22 예매 reservation [뤠저베이션]

23 공연 시간

show time
[쑈 타임]

24 매진

sold out
[쏠드 아웃]

25 좌석

seat
[씻]

26 휴식 시간

intermission
[인터미션]

27 자막

subtitle
[썹타이틀]

28 주연배우

main actor
[메인 액터]

29 무대 뒤

backstage
[백스테이쥐]

30 금지

No
[노]

31 화장실

restroom
[뤠쓰룸]

관광

빨리찾아 읽으세요

01 매표소 ticket office [티켓 오피스]

ticket window [티켓 윈도우] 라고도 합니다.

- 매표소 어디예요? Where is the ticket office? [웨어 이즈 더 티켓 오피스?]
- 매표소 가까워요? Is the ticket office close? [이즈 더 티켓 오피스 클로즈?]
- 매표소로 데려가 주세요. Take me to the ticket office. [테익 미 투 더 티켓 오피스.]

02 할인 discount [디스카운트]

국제학생증 있으면 할인이 될 수도 있어요!

- 할인되나요? Can I get a discount? [캐나이 게러 디스카운트?]
- 학생 할인되나요? Can I get a student discount? [캐나이 게러 스튜던 디스카운트?]
- 할인된 가격이에요? Is this the discounted price? [이즈 디스 더 디스카운티드 프롸이쓰?]

03 입구 entrance [엔트뤤쓰]

으아! 길 찾기는 어려워!

- 입구가 어디예요? Where is the entrance? [웨얼 이즈 디 엔트뤤쓰?]

· 입구가 안 보여요.
I can't see the entrance.
[아이 캔 씨 디 엔트뤤쓰.]

· 이 방향이 입구예요?
Is this the direction to the entrance?
[이즈 디스 더 다이뤡션 투 디 엔트뤤쓰?]

04 출구 — exit [엑씻]

도대체 나가는 길이 어디…

· 출구가 어디죠?
Where is the exit?
[웨얼 이즈 디 엑씻?]

· 출구가 안 보여요.
I can't see the exit.
[아이 캔 씨 디 엑씻.]

· 이 방향이 출구예요?
Is this the direction to the exit?
[이즈 디스 더 다이뤡션 투 디 엑씻?]

05 입장료 — admission [어드미션]

외국의 관람료는 저렴한 편이 아니에요! 미리미리 알아보고 당황하지 마세요!

· 입장료가 얼마죠?
How much is the admission?
[하우 머취 이즈 디 어드미션?]

· 어린이 입장료는 얼마죠?
How much is the admission for children?
[하우 머취 이즈 디 어드미션 포 췰드뤈?]

· 입장료만 내면 다 볼 수 있나요?
Does the admission cover everything?
[더즈 디 어드미션 커버 에브뤼띵?]

관광

06 추천

recommendation
[뤠커멘데이션]

추천할 만한 곳을 현지인에게 물어보는 것도 좋아요!

· 추천할 만한 볼거리 있어요?
Do you have a recommendation on what to see?
[두 유 해버 뤠커멘데이션 온 왓 투 씨?]

· 제일 추천하는 건 뭐예요?
What do you most recommend to see?
[왓 두 유 모스트 뤠커멘 투 씨?]

· 추천 안 하는 데는 어떤 거예요?
Which one do you not recommend?
[위치 원 두 유 낫 뤠커멘드?]

· 추천하는 코스가 있나요?
Could you recommend a route?
[쿠쥬 뤠커멘더 룻트?]

07 안내소 

information booth
[인포메이션 부쓰]

안내소에 가면 의외의 아이템을 득템 할 수도!

· 안내소가 어디예요?
Where is the information booth?
[웨어 이즈 디 인포메이션 부쓰?]

· 안내소에 데려가 주세요.
Take me to the information booth.
[테익 미 투 디 인포메이션 부쓰.]

· 안내소가 여기서 멀어요?
Is the information booth far from here?
[이즈 디 인포메이션 부쓰 퐈 프롬 히어?]

· 가까운 안내소는 어디예요?
Where is the closest information booth?
[웨어 이즈 더 클로시스트 인포메이션 부쓰?]

08 관광 명소

tourist attraction [투어리스트 어트랙션]

관광객들이 많이 오는 곳에선 소매치기 조심하자.

· 제일 유명한 관광 명소가 어떤 거죠?
What's the most famous tourist attraction here?
[왓츠 더 모스트 페이머스 투어리스트 어트랙션 히어?]

· 관광 명소 추천해 주세요.
Please recommend a tourist attraction.
[플리즈 뤠커멘더 투어리스트 어트랙션.]

· 보는 시간이 적게 걸리는 건 어떤 거죠?
Which one takes less time to see?
[위치 원 테익스 레쓰 타임 투 씨?]

· 보는 시간이 많이 걸리는 건 어떤 거죠?
Which one takes most time to see?
[위치 원 테익스 모스트 타임 투 씨?]

09 팜플렛

brochure [브로슈어]

brochure [브로슈어] 와 pamphlet [팜플렛] 은 같은 말로 쓰셔도 된답니다.

· 팜플렛 어디서 구해요?
Where can I get the brochure?
[웨어 캐나이 겟 더 브로슈어?]

· 팜플렛 하나 주세요.
Get me a brochure.
[겟 미 어 브로슈어.]

· 한국어 팜플렛 있어요?
You got a brochure in Korean?
[유 가러 브로슈어 인 코뤼안?]

10 영업시간 business hours [비지니싸웕스]

외국의 영업시간은 짧은 편이니 항상 미리 확인!

· 영업시간이 언제예요?
What are the business hours?
[왓 아 더 비지니싸웕스?]

· 언제 열어요?
What time do you open?
[왓 타임 두 유 오픈?]

· 언제 닫아요?
What time do you close?
[왓 타임 두 유 클로즈?]

11 시간표 timetable [타임테이블]

특정 공연 관람시간은 미리미리 체크 합시다!

· 시간표 어디서 봐요?
Where can I see the timetable?
[웨어 캐나이 씨 더 타임테이블?]

· 이 공연 시간표가 어떻게 되나요?
What's the timetable for this performance?
[왓츠 더 타임테이블 포 디스 펄포먼쓰?]

· 시간표가 달라요.
The timetable is not right.
[더 타임테이블 이즈 낫 롸잇.]

· 해설사가 설명해주는 건 언제예요?
What time is the one with the narrator?
[왓 타임 이즈 더 원 윗 더 나뤠이러?]

12 사진 picture [픽쳐]

사진 촬영이 불가한 곳은 아쉽지만 PASS~

· 사진 찍으시면 안 됩니다.
Pictures are not allowed.
[픽쳐스 알 낫 알라우드.]

· 사진 찍어도 되나요? Can I take a picture?
[캐나이 테이커 픽쳐?]

· 사진 한 장만 찍어줄래요? Could you take a picture?
[쿠쥬 테이커 픽쳐?]

· 이거랑 같이 찍어주세요. Take a picture with this one.
[테이커 픽쳐 윗 디스 원.]

· 우리 같이 찍어도 되나요? Can we take a picture together?
[캔 위 테이커 픽쳐 투게더?]

13 설명  explain [익쓰플레인]

한국어로 설명이 되는 곳도 있으니 물어봅시다!

· 이거 설명해 주세요. Explain this, please.
[익쓰플레인 디스, 플리즈.]

· 설명해 주시는 분 있어요? Do you have a narrator?
[두 유 해버 나뤠이러?]

· 한국어로 된 설명도 있어요? Do you have an explanation in Korean?
[두 유 해번 익쓰플레네이션 인 코뤼안?]

14 일정 schedule [스케쥴]

정확한 일정을 숙지하고 움직이셔야 국제미아가 되지 않겠죠?

· 이 공연 스케줄은 언제예요? What's the schedule for this performance?
[왓츠 더 스케쥴 포 디스 펄포먼쓰?]

· 자세한 스케줄은 어디서 봐요? Where can I see the detailed schedule?
[웨어 캐나이 씨 더 디테일드 스케쥴?]

· 이 스케줄이 맞아요? Is this schedule right?
[이즈 디스 스케쥴 롸잇?]

관광

15 출발 departure [디파춰]

가이드와 함께 한다면 출발시간 숙지는 필수!

- 출발이 언제예요?
  What time is the departure?
  [왓 타임 이즈 더 디파춰?]
- 출발을 조금만 늦게 하면 안 되나요?
  Can we delay the departure time a little?
  [캔 위 딜레이 더 디파춰 타임 어 리를?]
- 출발 시간이 너무 빨라요.
  The departure time is too fast.
  [더 디파춰 타임 이즈 투 패스트.]

16 도착 arrival [어롸이벌]

가이드와 함께 한다면 도착시간 숙지는 필수!

- 도착이 언제예요?
  What time is the arrival?
  [왓 타임 이즈 디 어롸이벌?]
- 도착 시간이 늦네요.
  The arrival time is too late.
  [디 어롸이벌 타임 이즈 투 레잇.]

17 통역 translation [트뤤슬레이션]

통역을 제공하는 곳도 있으니, 가능하다면 요청하셔서 후회 없는 관광을!

- 통역이 필요해요.
  I need a translation.
  [아이 니더 트뤤슬레이션.]
- 한국어 통역 있어요?
  You got a Korean translator?
  [유 가러 코뤼안 트뤤슬레이러?]

18 시티 투어   city tour [씨리 투어]

알짜배기 관광지만 쏙~!

· 시티 투어 하고 싶어요.
I want a city tour.
[아이 원 어 씨리 투어.]

· 시티 투어 예약할게요.
I want a book for the city tour.
[아이 원 어 북 포 더 씨리 투어.]

· 시티 투어 자리 있어요?
You got seats for the city tour?
[유 갓 씻스 포 더 씨리 투어?]

· 저 혼자 할 거예요.
Only me.
[온리 미.]

19 지도  map [맵]

어딜 가나 지도는 필수!

· 지도 있어요?
You got a map?
[유 가러 맵?]

· 시티 투어 지도 있어요?
You got a map for the city tour?
[유 가러 맵 포 더 씨리 투어?]

· 지도 좀 같이 봐도 될까요?
Could you share the map with me?
[쿠쥬 쉐어 더 맵 윗 미?]

20 선물 가게   gift shop [기프트 샵]

바가지 쓰지 않도록 조심!

· 선물 가게 어디 있어요?
Where is the gift shop?
[웨어 이즈 더 기프트 샵?]

· 선물 가게 멀어요?

Is the gift shop far from here?
[이즈 더 기프트 샵 퐈 프롬 히어?]

· 기념품 사려고요.

I wanna get some souvenirs.
[아이 워너 겟 썸 수버니얼즈.]

21 공연 performance [펄포먼쓰]

공연 시작 전, 두근두근!

· 공연 볼 거예요.

I'm gonna see the performance.
[암 거나 씨 더 펄포먼쓰.]

· 공연 언제 시작해요?

When does the performance start?
[웬 더즈 더 펄포먼쓰 스타트?]

· 공연 얼마 동안 해요?

How long does the performance go on?
[하우 롱 더즈 더 펄포먼쓰 고 온?]

· 공연이 취소되었습니다.

The performance has been canceled.
[더 펄포먼쓰 해즈 빈 캔썰드.]

22 예매 reservation [뤠저베이션]

'예매하다'는 book [북] 이라고도 합니다.

· 예매하려고요.

I'd like to make a reservation.
[아드 라익 투 메이커 뤠저뷔이션.]

· 할인되나요?

Do I get a discount?
[두 아이 게러 디스카운트?]

· 예매 안 했어요.

I didn't get a reservation.
[아이 디든 게러 뤠저뷔이션.]

23 공연 시간 show time [쑈 타임]

공연 시간 미리미리 체크하셔서 일정에 차질 없게!

· 공연 시간이 얼마나 되죠?
How long is the show time?
[하우 롱 이즈 더 쑈 타임?]

· 공연 시간 동안 뭐 먹어도 되나요?
Can I eat something during the show time?
[캐나이 잇 썸띵 듀링 더 쑈 타임?]

· 공연 시간 동안 사진 찍어도 되나요?
Can I take pictures during the show time?
[캐나이 테익 픽쳐스 듀링 더 쑈 타임?]

· 공연 시간이 너무 짧네요.
The show time is too short.
[더 쑈 타임 이즈 투 숄트.]

· 공연 시간이 너무 길어요.
The show time is too long.
[더 쑈 타임 이즈 투 롱.]

24 매진 sold out [쏠드 아웃]

실망하지 마세요! 매표소 앞에서 서성거리다 보면 우연히 표를 얻을 수도 있어요!

· 매진 되었나요?
Is it sold out?
[이짓 쏠드 아웃?]

· 다음 공연은 몇 시예요?
What time is the next show?
[왓 타임 이즈 더 넥쓰쑈?]

· 아예 표가 없어요?
You got no tickets at all?
[유 갓 노 티켓쓰 앳 올?]

· 자리가 나면 연락 주세요.
Call me when you have seats.
[콜 미 웬 유 햅 씻스.]

25 좌석 seat [씻]

좋은 좌석 달라고 요청하세요! 멀리서 왔다는 사실을 어필~

· 앞 좌석으로 주세요. Get me a front seat. [겟 미 어 프뤈 씻.]

· 뒷 좌석으로 주세요. Get me a back seat. [겟 미 어 빽 씻.]

· 중간 좌석으로 주세요. Get me a middle seat. [겟 미 어 미를 씻.]

· 좋은 자리로 주세요. Get me a good seat . [겟 미 어 굿 씻.]

26 휴식 시간 intermission [인터미션]

휴식 시간을 미리 알아 놓고, 없다면 화장실을 미리미리 다녀오도록 하세요~

· 휴식 시간이 언제예요? When is the intermission? [웬 이즈 디 인터미션?]

· 휴식 시간 있어요? Do we get an intermission? [두 위 겟 언 인터미션?]

· 휴식 시간이 몇 분이에요? How long is the intermission? [하우 롱 이즈 디 인터미션?]

27 자막 .smi subtitle [썹타이를]

까만 것은 글씨… 한국어 자막이 그립다!

· 자막 있어요? You got subtitles? [유 갓 썹타이를스?]

· 한국어 자막 있어요? You got Korean subtitles?
[유 갓 코뤼안 썹타이를스?]

· 영어 자막 나와요? You got English subtitles?
[유 갓 잉글리쉬 썹타이를스?]

28 주연배우  main actor [메인 액터]

주연배우 미리 검색해서 공연보는 즐거움을 두 배로!

· 주연배우가 누구예요? Who is the main actor?
[후 이즈 더 메인 액터?]

· 주연배우를 만날 수 있어요? Can I meet the actors?
[캐나이 밋 디 액터스?]

· 주연배우가 유명해요? Is the main actor famous?
[이즈 더 메인 액터 페이머스?]

29 무대 뒤 backstage [백스테이쥐]

가끔 무대 뒤에서 배우들을 만나고 구경도 할 수 있는 이벤트를 열기도!

· 무대 뒤에 가볼 수 있나요? Can I go into the backstage?
[캐나이 고 인투 더 백스테이쥐?]

· 오늘은 백스테이지에 들어 가실 수 없습니다. You can't go into the backstage today.
[유 캔 고 인투 더 백스테이쥐 투데이.]

· 백스테이지에서 배우들과 사진을 찍을 수 있습니다. You can take pictures with the actors at the backstage.
[유 캔 테익 픽쳐스 윗 디 액터스 앳 더 백스테이쥐.]

30 금지 🚫 No [노]

왜 이렇게 하지 말라는 게 많은 것이야!

· 촬영 금지 — No Pictures!
[노 픽쳐스]

· 플래시 금지 — No Flash!
[노 플래쉬]

· 진입 금지 — No Entry!
[노 엔트뤼]

· 애완동물 금지 — No Pets!
[노 펫쓰]

· 비디오 촬영 금지 — No Videos!
[노 비디오]

31 화장실 🚻 restroom [뤠쓰룸]

화장실 위치는 미리미리 파악해 놓자!

· 화장실 어디 있어요? — Where is the restroom?
[웨어 이즈 더 뤠쓰룸?]

· 화장실은 밖에 있어요? — Is the restroom outside?
[이즈 더 뤠쓰룸 아웃싸이드?]

· 화장실 공연장 안에는 없어요? — Is there a restroom inside the performance hall?
[이즈 데어 어 뤠쓰룸 인싸이더 펄포먼쓰 홀?]

- 가고 싶은 곳 말해보기 -

First on my agenda is going to a Broadway show.
And after that I want to explore Central Park.
I heard you can ice skate there in the winter!
I also want to cross the Brooklyn Bridge,...
...and see the Statue of Liberty in New York Harbor.
I hope I can see all these things in only three days!

내 첫 번째 목표는 브로드웨이 공연에 가는 거야.
그 다음엔 센트럴 파크를 둘러보고 싶어.
겨울엔 거기서 스케이트도 탈 수 있다고 들었어.
브루클린 다리도 건너보고 싶어...
뉴욕 항에 있는 자유의 여신상도 보고 싶어.
3일 만에 이 모든 것을 볼 수 있었으면 좋겠어!

룰루~
Tra-la
Tra-la
honk
honk
끼룩~
honk
끼룩~
사뿐사뿐~
아아~
햇살 너무좋다~
딱좋다~
Ker-
What? Is it night time already?
음? 벌써 해가 졌나?

참지 마세요! 할말은 합시다!
Don't bear it!

Could you move over?
좀 비켜주시겠어요?

Please move over a little.
옆으로 조금만 가주세요.

Could you keep it down?
좀 조용히 해 주시겠어요?

This place is full of cigarette smell.
여기 담배 냄새가 심하게 나요.

위급상황

필요한 단어

잃어버렸어요	lost [러스트]	공중전화	pay phone [페이 폰]
찾아야 해요	find [파인드]	조용히 해주세요	quiet [콰이엇]

빨리찾아 말하면 OK!

· 티켓 잃어버렸어요.
I lost my ticket.
[아이 러스트 마이 티켓.]

· 가방 잃어버렸어요.
I lost my bag.
[아이 러스트 마이 백.]

· 제 휴대폰 잃어버렸어요.
I lost my phone.
[아이 러스트 마이 폰.]

· 제 친구 잃어버렸어요.
I lost my friend.
[아이 러스트 마이 프렌.]

· 제 가이드를 잃어버렸어요.
I lost my guide.
[아이 러스트 마이 가이드.]

· 분실물 센터가 어디예요?
Where is the lost and found?
[웨어 이즈 더 러스트 앤 파운?]

· 제 티켓 찾아야 해요.
I gotta find my ticket.
[아이 가라 퐈인 마이 티켓.]

· 제 자리 찾아야 해요.
I gotta find my seat.
[아이 가라 퐈인 마이 씻.]

· 제 친구 찾아야 해요.
I gotta find my friend.
[아이 가라 퐈인 마이 프렌.]

· 제 가이드 찾아야 해요.
I gotta find my guide.
[아이 가라 퐈인 마이 가이드.]

· 제 버스 찾아야 해요.
I gotta find my bus.
[아이 가라 퐈인 마이 버스.]

· 공중 전화 어디 있어요?
Where is the pay phone?
[웨어 이즈 더 페이 폰?]

· 전화 좀 쓸 수 있어요?
Can I make a call?
[캐나이 메이커 콜?]

· 저 빨리 전화 한 통만 쓸게요.
I'll just make a quick call.
[아윌 저쓰 메이커 퀵 콜.]

· 조용히 좀 해줘요.
Please be quiet.
[플리즈 비 콰이엇.]

· 전화 나가서 해요.
Get your phone call outside.
[겟 유어 폰 콜 아웃싸이드.]

· 매너 좀 지키세요.
Mind your manners.
[마인쥬얼 매너스.]

관광

PART 09
쇼핑할 때

쇼핑할 때

많은 단어를 알 필요 없다
왜? 말할 게 뻔하니까!

No.	한국어	English	발음
01	청바지	jeans	[쥔스]
02	후드	hoodie	[후디]
03	셔츠	shirts	[셜츠]
04	치마	skirts	[스컬츠]
05	입어볼게요 신어볼게요	try on	[트롸이 온]
06	피팅룸	fitting room	[퓌링 룸]
07	사이즈	size	[싸이즈]
08	전통적인 것	traditional	[트뤠디셔널]
09	지역	local	[로컬]
10	포장	wrap	[뤱]
11	추천	recommendation	[뤠커멘데이션]
12	선물	gift	[기프트]
13	지불	pay	[페이]
14	할인	discount	[디스카운트]
15	세일	sale	[쎄일]
16	영수증	receipt	[뤼씻트]
17	둘러보는 거예요	browsing	[브롸우징]
18	이거 있어요?	You got?	[유 갓?]
19	향수	perfume	[펄퓸]
20	화장품	cosmetics	[커즈메틱스]
21	시계	watch	[웟취]
22	가방	bag	[백]
23	주류	liquor	[리쿼]
24	깨지기 쉬워요	fragile	[프뤠질]

빨리찾아 말하면 OK!

01 청바지 jeans [쥔스]

여행가서 편한 청바지가 최고!

- 청바지 보려고요. I wanna see some jeans. [아이 워너 씨 썸 쥔스.]
- 스키니진 있어요? You got skinny jeans? [유 갓 스키니 쥔스?]
- 일자 청바지 있어요? You got straight jeans? [유 갓 스트뤠잇 쥔스?]
- 트레이닝 바지 있어요? You got sweatpants? [유 갓 스웻팬츠?]
- 반바지 있어요? You got some shorts? [유 갓 썸 숄츠?]

02 후드 hoodie [후디]

'pullover [풀로버]'는 지퍼가 없는 상의 종류를 뜻해요!

- 후드티 종류 보려고요. I wanna see some hoodies. [아이 워너 씨 썸 후디스.]
- 후드티 어디 있어요? Where are the hoodies? [웨어 아 더 후디스?]
- 트레이닝 상의 있어요? You got sweatshirts? [유 갓 스웻셜츠?]

쇼핑

03 셔츠 shirts [셜츠]

어떤 셔츠가 잘 어울릴까요?

· 셔츠 보려고요.	I wanna see some shirts. [아이 워너 씨 썸 셜츠.]
· 줄무늬 셔츠 볼게요.	I wanna see some striped shirts. [아이 워너 씨 썸 스트롸입드 셜츠.]
· 땡땡이 셔츠 볼게요.	I wanna see some dotted shirts. [아이 워너 씨 썸 다트드 셜츠.]
· 남자 용인가요?	Is this for men? [이즈 디스 포 맨?]
· 여자 용인가요?	Is this for women? [이즈 디스 포 워맨?]
· 이것보다 긴 셔츠 있어요?	You got longer ones? [유 갓 롱거 원즈?]
· 넥타이도 볼 거예요.	I also wanna see some ties. [아이 올쏘 워너 씨 썸 타이즈.]

04 치마 skirts [스컬츠]

예쁜 치마 한 번 골라 봅시다~

· 치마 보려고요.	I wanna see some skirts. [아이 워너 씨 썸 스컬츠.]
· 긴 치마 있어요?	You got long skirts? [유 갓 롱 스컬츠?]
· 짧은 치마 있어요?	You got short skirts? [유 갓 숏 스컬츠?]
· 드레스 있어요?	You got dresses? [유 갓 드뤠씨스?]

05 입어볼게요 신어볼게요 try on [트롸이 온]

주저 말고 try [트라이] 해보세요!

· 이거 입어볼게요. I wanna try this on. [아이 워너 트롸이 디스 온.]

· 이거 신어볼게요. I wanna try this on. [아이 워너 트롸이 디스 온.]

· 다른 거 입어볼게요. I wanna try another one. [아이 워너 트롸이 어나덜 원.]

· 다른 사이즈 신어볼게요. I wanna try another size. [아이 워너 트롸이 어나덜 싸이즈.]

06 피팅룸 fitting room [퓌링 룸]

피팅룸에 가지고 들어갈 수 있는 옷 개수의 제한이 있을 수 있으니 미리 확인!

· 피팅룸 어디예요? Where is the fitting room? [웨어 이즈 더 퓌링 룸?]

· 피팅룸 못 찾겠어요. I can't find the fitting room. [아이 캔 퐈인 더 퓌링 룸.]

· 몇 개 입어볼 수 있어요? How many can I try on? [하우 매니 캐나이 트롸이 온?]

· 이건 안 입어 봤어요. I didn't try this one. [아이 디든 트롸이 디스 원.]

· 이거 살 거예요. I'm gonna buy this one. [암 거나 바이 디스 원.]

쇼핑

07 사이즈 size [싸이즈]

365일 다이어트…

· 사이즈가 어떻게 되세요?	What size do you wear? [왓 싸이즈 두 유 웨얼?]
· 커요.	It's too big. [잇츠 투 빅.]
· 작아요.	It's too small. [잇츠 투 스몰.]
· 더 큰 걸로 주세요.	I want a bigger size. [아이 워너 비거 싸이즈.]
· 더 작은 걸로 주세요.	I want a smaller size. [아이 워너 스몰러 싸이즈.]

08 전통적인 것  traditional [트뤠디셔널]

여행지의 전통적인 기념품이 있다면 하나쯤은 사두자!

· 전통적인 물건 있어요?	You got something traditional? [유 갓 썸띵 트뤠디셔널?]
· 전통적인 음식 있어요?	You got something traditional to eat? [유 갓 썸띵 트뤠디셔널 투 잇?]
· 여기서 선물하기 좋은 게 뭐예요?	Which one do you think is the best to get as a gift? [위치 원 두 유 띵키즈 더 베스투 겟 애저 기프트?]

09 지역 local [로컬]

지역 특산물도 눈 여겨 봅시다!

· 이 지역에서 유명한 게 뭐예요?
What's the most famous local thing here?
[왓츠 더 모스트 풰이머스 로컬 띵 히어?]

· 지역 특산품 있어요?
You got famous local products?
[유 갓 풰이머스 로컬 프뤄덕츠?]

· 여기서 선물하기 좋은 게 뭐예요?
Which one do you think is the best to get as a gift?
[위치 원 두 유 띵키즈 더 베스투 겟 애저 기프트?]

10 포장 wrap [뤱]

가끔 내가 포장하는 게 더 예쁠 수도…

· 포장해 주세요.
Wrap this as a gift, please.
[뤱 디스 애저 기프트, 플리즈.]

· 포장은 이거 하나만 해주세요.
Only this one goes as a gift.
[온리 디스 원 고즈 애저 기프트.]

· 포장하는데 돈 들어요?
Do I need to pay an extra charge?
[두 아이 니투 페이 언 엑쓰트롸 촤쥐?]

· 너무 비싸요.
It's too expensive.
[잇츠 투 익쓰펜씹.]

· 그냥 내가 집에서 포장할게요.
I'll just wrap it up myself at home.
[아윌 저쓰 뤱 잇 업 마이셀프 앳 홈.]

11 추천

recommendation
[뤠커멘데이션]

여자 친구 선물로 뭘 사야 할 지 고민된다면?

· 추천할 만한 옷 있어요?

Any recommendations?
[애니 뤠커멘데이션스?]

· 추천할 만한 선물 있어요?

Any recommendation for gifts?
[애니 뤠커멘데이션 포 기프트?]

· 부모님 선물 추천해 주세요.

Recommend a gift
for my parents, please.
[뤠커멘더 기프트 포 마이 패뤤츠, 플리즈.]

· 남자친구 선물 추천해 주세요.

Recommend a gift
for my boyfriend, please.
[뤠커멘더 기프트 포 마이 보이프뤤, 플리즈.]

· 여자친구 선물 추천해 주세요.

Recommend a gift
for my girlfriend, please.
[뤠커멘더 기프트 포 마이 걸프뤤, 플리즈.]

· 이 옷이랑 어울릴만한 걸로 추천 좀 해주세요.

Please recommend something that
goes well with this.
[플리즈 뤠커멘드 썸띵 댓 고즈 웰 윗 디스.]

12 선물

gift [기프트]

해외 여행 가서 빠뜨릴 수 없는 게 선물 구입!

· 선물로 주려고요.

It's a gift.
[잇츠 어 기프트.]

· 선물 포장해 주세요. Get this one wrapped up as a gift. [겟 디스 원 뤱드 업 애저 기프트.]

· 선물로 뭐가 좋은가요? What's good as a gift? [왓츠 굿 애저 기프트?]

· 이거 선물로 어때요? How about this as a gift? [하우 어바웃 디스 애저 기프트?]

13 지불  pay [페이]

손 떨리는 순간...

· 지불은 어떻게 하시겠어요? How would you like to pay? [하우쥬 라익 투 페이?]

· 신용카드 되나요? Do you take credit cards? [두 유 테익 크뤠딧 카즈?]

· 현금으로 할게요. I'll pay in cash. [아윌 페이 인 캐쉬.]

· 여행자 수표 되나요? Do you take traveler's checks? [두 유 테익 트뤠블러스 췍스?]

14 할인  discount [디스카운트]

이 표현을 잘 알아야 깎아 달라고 말할 수 있다.

· 할인되나요? Can I get a discount? [캐나이 게러 디스카운트?]

· 할인 쿠폰 있어요. I have a discount coupon. [아이 해버 디스카운트 쿠폰.]

쇼핑

15 세일 SALE　sale [쎄일]

나라별 세일 기간을 잘 활용해 여행 계획 세워보자.

· 이거 세일해요? — Is this on sale?
[이즈 디스 온 쎄일?]

· 이거 세일 금액이에요? — Is this the sale price?
[이즈 디스 더 쎄일 프롸이쓰?]

· 이건 세일 품목이 아닙니다. — This one is not on sale.
[디스 원 이즈 낫 온 쎄일.]

16 영수증　receipt [뤼씻트]

영수증 필수! 꼭 챙기세요!

· 영수증 드릴까요? — You want the receipt?
[유 원 더 뤼씻트?]

· 영수증 주세요. — I want the receipt.
[아이 원 더 뤼씻트.]

· 영수증 안 주셨어요. — You didn't give me the receipt.
[유 디든 김미 더 뤼씻트.]

· 영수증 필요해요. — I need the receipt.
[아이 니더 뤼씻트.]

17 둘러보는 거예요　browsing [브롸우징]

따라 다니는 점원이 귀찮다면?

· 그냥 보는 거예요. — I'm just browsing.
[암 저쓰 브롸우징.]

· 혼자 둘러 볼게요.

I'll just look around by myself.
[아윌 저쓰 루꺼롸운 바이 마이쎌프.]

· 도움이 필요하면 부를게요. 감사해요.

I'll call you when I need you. Thank you.
[아윌 콜 유 웬 아이 니쥬. 땡큐.]

18 이거 있어요? You got? [유 갓?]

You got 뒤에 찾는 물건 붙여 보자.

· 다른 거 있어요?

You got another one?
[유 갓 어나덜 원?]

· 색깔 다른 거 있어요?

You got another color?
[유 갓 어나덜 컬러?]

· 큰 거 있어요?

You got bigger ones?
[유 갓 비거 원스?]

· 작은 거 있어요?

You got smaller ones?
[유 갓 스몰러 원스?]

· 진열 안 되어 있던 거 있어요?

You got this same one that's not displayed?
[유 갓 디스 쎄임 원 댓츠 낫 디스플레이드?]

19 향수 perfume [펄퓸]

독특한 향이 있다면 하나쯤 get!

· 향수 보려고요.

I wanna see some perfume.
[아이 워너 씨 썸 펄퓸.]

· 이거 시향해 볼게요.

I wanna try this one.
[아이 워너 트롸이 디스 원.]

쇼핑

· 달콤한 향 있어요? You got sweet fragrance?
[유 갓 스윗 프뤠그뤈쓰?]

· 상큼한 향 있어요? You got fresh fragrance?
[유 갓 프레쉬 프뤠그뤈쓰?]

20 화장품 cosmetics [커즈메틱스]

여자의 변신은 무죄!

· 화장품 보려고요. I wanna see some cosmetics.
[아이 워너 씨 썸 커즈메틱스.]

· 화장품 코너 어디예요? Where are the cosmetics?
[웨어 아 더 커즈메틱스?]

· 크림 보여주세요. Show me some creams.
[쑈미 썸 크륌스.]

· 립스틱 보여주세요. Show me some lipsticks.
[쑈미 썸 립스틱스.]

· 파운데이션 보여주세요. Show me some foundations.
[쑈미 썸 퐈운데이션스.]

· 마스카라 보여주세요. Show me some mascaras.
[쑈미 썸 매스캬라.]

21 시계 watch [웟취]

Time is gold [시간은 금이다]!

· 손목시계 보려고요. I wanna see some watches.
[아이 워너 씨 썸 웟취스.]

· 여자 시계로 보여주세요. Show me some watches for women.
[쑈미 썸 웟취스 포 워맨.]

· 남자 시계로 보여주세요.
Show me some watches for men.
[쑈미 썸 웟취스 폴 맨.]

· 어린이 시계로 보여주세요.
Show me some watches for kids.
[쑈미 썸 웟취스 폴 키즈.]

22 가방 bag [백]

여행에는 역시 배낭이 최고! backpack [백팩]

· 가방 보려고요.
I wanna see some bags.
[아이 워너 씨 썸 백스.]

· 숄더백 보여주세요.
Show me some shoulder bags.
[쑈미 썸 숄더 백스.]

· 토트백 보여주세요.
Show me some tote bags.
[쑈미 썸 톳 백스.]

· 클러치 보여주세요.
Show me some clutch bags.
[쑈미 썸 클럿취 백스.]

· 지갑 보여주세요.
Show me some wallets.
[쑈미 썸 월렛스.]

· 남자 지갑 보여주세요.
Show me wallets for men.
[쑈미 월렛스 폴 맨.]

· 여자 지갑 보여주세요.
Show me wallets for women.
[쑈미 월렛스 폴 워맨.]

23 주류 liquor [리쿼]

음… 뭘 골라야 하지?

· 주류는 어디서 사요?
Where do I get liquor?
[웨어 두 아이 겟 리쿼?]

쇼핑

· 위스키 보여주세요. Show me some whisky.
[쏘미 썸 위스키.]

· 발렌타인 보여주세요. Show me some Valentine.
[쏘미 썸 발렌타인.]

· 잭다니엘 보여주세요. Show me some Jack Daniel.
[쏘미 썸 젝 다니엘.]

· 와인 보여주세요. Show me some wine.
[쏘미 썸 와인.]

· 제가 몇 병 살 수 있어요? How many bottles can I get?
[하우 매니 버를스 캐나이 겟?]

24 깨지기 쉬워요 fragile [프뤠질]

너무 깨지기 쉬운 것은 기내에 꼭 들고 타세요!

· 이거 깨지기 쉬워요. This is fragile.
[디스 이즈 프뤠질.]

· 조심하셔야 해요. Be cautious.
[비 커셔스.]

· 잘 포장해 주세요. Please wrap it well.
[플리즈 렙 잇 웰.]

- 환불하기 -

Hi, how can I help you?

안녕하세요, 뭘 도와드릴까요?

I have a pair of jeans I need to return.

바지 한 벌을 환불하고 싶어서요.

Sure. Do you have the receipt?

그럼요. 영수증 있으세요?

Yes, I do.

네, 있어요.

Okay. What's the reason for the return?

좋아요. 환불하려는 이유가 뭐죠?

Umm, I changed my mind, I don't like the fit.

마음이 바뀌었어요. 옷이 마음에 안 들어요.

까칠한 여행영어

이 옷 예쁜데?
lulu~
I'm gonna get this!
이거 사야지!
앗싸!
득템 했당~
tip-tap
킥킥
Giggle
hehe
수군수군
아니, 왜 웃지?
나보고 웃는건가?
또악!!
이게뭐야?!!!
뭐가 묻은거야!!
바로 사서 입고나왔는데?!!
Huh!

참지 마세요! 할말은 합시다!
Don't bear it!

Here's a stain.
얼룩이 졌어요.

I want a new one.
새 걸로 바꿔 주세요.

There's no price tag.
가격표가 없어요.

This is too expensive.
가격이 너무 비싸요.

The bag is damaged.
가방이 파손됐어요.

쇼핑

위급상황 필요한 단어

돈 냈어요!	have paid [햅 **페**이드]	너무 작아요	too small [투 스**몰**]
교환	exchange [익쓰**췌**인쥐]	너무 커요	too big [투 **빅**]
환불	refund [**뤼**펀드]	안 맞아요	doesn't fit [더즌 **핏**]
이미	already [올**뤠**리]		

빨리찾아 말하면 OK!

· 이미 돈 냈어요!

I have paid!
[아이 햅 페이드!]

· 공평하지 않네요.

It's not fair.
[잇츠 낫 풰어.]

· 경찰을 불러줘요.

Call the police.
[콜 더 폴리쓰.]

· 대사관에 전화하겠어요.

I wanna call the embassy.
[아이 워너 콜 더 엠버씨.]

· 통역을 불러요.

Call a translator.
[콜 어 트뤤슬레이러.]

· 교환하고 싶어요.

I wanna exchange this.
[아이 워너 익쓰췌인쥐 디스.]

· 영수증 있으세요?

Do you have your receipt?
[두 유 햅 유어 뤼씻트?]

· 왜 교환하시려고요?

Why do you want an exchange?
[와이 두 유 워넌 익쓰췌인쥐?]

· 어떤 걸로 교환하시겠어요?

What would you like to exchange this for?
[왓 우쥬 라익 투 익쓰췌인쥐 디스 포?]

· 고장났어요.

It's not working.
[잇츠 낫 월킹.]

· 마음에 안 들어요.
I don't like it.
[아이 돈 라이킷.]

· 사이즈 때문에요.
Because of the size.
[비커즈 오브 더 싸이즈.]

· 이거 환불하고 싶어요.
I wanna refund this.
[아이 워너 뤼펀 디스.]

· 영수증 있으세요?
Do you have your receipt?
[두 유 햅 유어 뤼씻트?]

· 왜 환불하시려고 하세요?
Why do you want a refund?
[와이 두 유 원 어 뤼펀드?]

· (결제하셨던) 카드 있으세요?
Do you have your credit card?
[두 유 햅 유어 크뤠딧 카드?]

· 이미 포장을 뜯긴 했어요.
I've already opened the package.
[아브 올뤠리 오픈 더 패키쥐.]

· 근데 안 썼어요.
But I didn't use it.
[벗 아이 디든 유짓.]

· 다시 한번 확인하세요.
Check it again.
[췍킷 어게인.]

· 너무 작아요.
It's too small.
[잇츠 투 스몰.]

· 작은 걸로 바꿔 주세요.
I want a smaller one.
[아이 원 어 스몰러 원.]

· 너무 커요.
It's too big.
[잇츠 투 빅.]

· 큰 걸로 바꿔 주세요.

I want a bigger one.
[아이 **원** 어 **비**거 원.]

· 이거 안 맞아요.

It doesn't fit.
[잇 더즌 **핏**.]

· 다른 걸로 주세요.

I want another one.
[아이 **원** 어**나**덜 원.]

PART 10

귀국할 때

귀국할 때

많은 단어를 알 필요 없다
왜? 말할 게 뻔하니까!

01 확인 confirm [컨펌]

02 변경 change [췌인쥐]

03 연착 delay [딜레이]

04 요청 request [뤼쿠에스트]

05 환승 transit [트뤤짓]

06 반납 return [뤼턴]

07 제한 limit [리밋]

빨리찾아 말하면 OK!

01 확인 confirm [컨펌]

중요한 사항은 항상 더블 체크!

· 제 비행기 확인하려고요. I wanna confirm my flight. [아이 워너 컨펌 마이 플라잇.]

· 제 티켓 확인하려고요. I wanna confirm my ticket. [아이 워너 컨펌 마이 티켓.]

· 제 자리 확인하려고요. I wanna confirm my seat. [아이 워너 컨펌 마이 씻.]

02 변경 change [췌인쥐]

변경하실 때 추가 요금이 있는지 꼭 확인하세요~

· 제 비행기 변경하려고요. I wanna change my flight. [아이 워너 췌인쥐 마이 플라잇.]

· 제 티켓 변경하려고요. I wanna change my ticket. [아이 워너 췌인쥐 마이 티켓.]

· 제 자리 변경하려고요. I wanna change my seat. [아이 워너 췌인쥐 마이 씻.]

03 연착 delay [딜레이]

듣고 싶지 않은 말! 연착되었습니다.

· 비행기가 연착되었습니다. The flight was delayed. [더 플라잇 워즈 딜레이드.]

· 얼마나 기다려요?
How long do I wait?
[하우 롱 두 아이 웨잇?]

· 다른 비행기로 바꿀 수 있어요?
Can I change my flight?
[캐나이 췌인쥐 마이 플라잇?]

04 요청 request [뤼쿠에스트]

해 달라고요! Please!

· 기내식을 채식으로 요청하려고요.
I wanna request a vegetarian meal.
[아이 워너 뤼쿠에스터 베쥐테뤼안 밀.]

· 어린이 기내식 요청하려고요.
I wanna request a kids' meal.
[아이 워너 뤼쿠에스터 키즈 밀.]

· 미리 요청은 안 했어요.
I didn't request in advance.
[아이 디른 뤼쿠에스트 인 어드밴스.]

· 지금 요청이 불가능해요?
Is it impossible to request now?
[이짓 임파써블 투 뤼쿠에스트 나우?]

· 좀 해줘요.
Come on, cut me some slack.
[컴온, 컷 미 썸 슬랙.]

05 환승 transit [트뤤짓]

지상이든 항공이든 환승은 힘들어…

· 저 환승 승객인데요.
I'm a transit passenger.
[암 어 트뤤짓 패씬저.]

· 환승라운지 어디예요? Where is a transit lounge?
[웨어 이즈 어 트렌짓 라운쥐?]

· 경유해서 인천으로 가요. I'm a transit passenger to Incheon.
[암 어 트렌짓 패씬저 투 인천.]

06 반납 return [뤼턴]

빌렸던 것 반납하고, "deposit 보증금" 돌려받고 가실게요!

· 휴대폰 반납하려고요. I wanna return the phone.
[아이 워너 뤼턴 더 폰.]

· 렌트카 반납하려고요. I wanna return the car.
[아이 워너 뤼턴 더 카.]

07 제한  limit [리밋]

여행 후 집에 갈 때는 무거워지는 내 가방!

· 중량 제한이 얼마예요? How much is the weight limit?
[하우 머취 이즈 더 웨잇 리밋?]

· 기내 중량 제한은요? How about the limit on board?
[하우 어바웃 더 리밋 온 볼드?]

까칠한 여행영어

Please be careful.
It's expensive.
비싼 거니 조심해 주세요.

에...
네 알겠습니다..
er...

Umm...
음...
Oh my baby...
내 가방...

위잉~
SSSSSSS

참지 마세요! 할말은 합시다!
Don't bear it!

The bag is damaged.
가방이 파손됐어요.

Who do I talk to?
누구한테 얘기하면 되죠?

I lost my baggage.
내 짐을 잃어버렸어요.

My bag has been swapped.
짐이 바뀌었어요.

위급상황 필요한 단어

잃어버렸어요	lost [러스트]	다음 비행편	next flight [넥쓰 플라잇]
놓쳤어요	miss [미쓰]		

빨리찾아 말하면 OK!

· 제 항공권을 잃어버렸어요.
I lost my boarding pass.
[아이 **러**스트 마이 **보**딩 **패**쓰.]

· 제 여권을 잃어버렸어요.
I lost my passport.
[아이 **러**스트 마이 **패**쓰**포**트.]

· 제 수하물표를 잃어버렸어요.
I lost my baggage tag.
[아이 **러**스트 마이 **배**기쥐 **택**.]

· 제 비행기를 놓쳤어요.
I missed my flight.
[아이 **미**쓰트 마이 플**라**잇.]

· 비행기를 놓쳤는데, 누구한테 물어봐요?
I missed my flight, who do I ask?
[아이 **미**쓰트 마이 플**라**잇, 후 두 아이 애스크?]

· 다음 비행편은 언제예요?
When is the next flight?
[**웬** 이즈 더 **넥**쓰 플**라**잇?]

· 전 어떡하나요?
What should I do?
[**왓** 슈**라**이 **두**?]

· 다른 항공사도 상관 없어요.
I'm okay with a different airline.
[**암** 오**케**이 위더 **디**풔런 **에**얼라인.]

· 얼마나 추가요금이 붙는데요?
How much extra do you charge?
[**하**우 머취 **엑**쓰트롸 두 **유** **촤**쥐?]

유럽으로 배낭여행 떠나기

Euro

PART 01
교통수단

- ㅁ 기차 & 철도
- ㅁ 도심대중교통

유레일 철도 이용하기

■ 유레일 패스 개시하기

한국에서 미리 유레일 패스를 구입해 갈 경우, 이를 유럽에서 사용하려면 개시 절차를 거쳐야 한다. 기차를 타고자 하는 역의 매표소나 유레일 지원 사무실에 가서 여권과 패스를 제시하면 개시 절차를 밟아준다. 잃어버릴 경우 재발급이 불가능하기 때문에 분실에 유의해야 한다. 또한 유레일 패스를 갖고 있다 하더라도 고속열차나 야간열차 등을 이용하려면 예약을 해야 한다는 것도 주의하자.

■ 유레일 패스 종류

1. 연속 패스

   일정 기간 동안 계속 기차를 이용할 수 있다. 원하는 개시일을 지정할 수 있고, 15일 · 1개월 · 2개월로 기간에 따라 원하는 종류의 패스를 구입할 수 있다.

2. 선택적 패스

   기간과 구간을 여행자가 선택하여 이용할 수 있다. 연속 패스와 달리 기차를 탑승할 때마다 여행자가 날짜를 적어 넣어야 한다.

■ 좌석의 종류

1. 코치 coach

   우리나라의 기차와 비슷한 구조로 가운데 복도를 기준으로 양 옆에 좌석이 배치되어 있다.

2. 컴파트먼트 compartment

   한 개의 방 안에 좌석이 여러 개 있으며 이 좌석은 서로 마주보는 형태로 되어 있다. 또한 좌석 밑을 당기면 펴지게 되어 있어 운 좋게 마주보는 좌석이 비어 있다면 침대처럼 누워서 갈 수 있다.

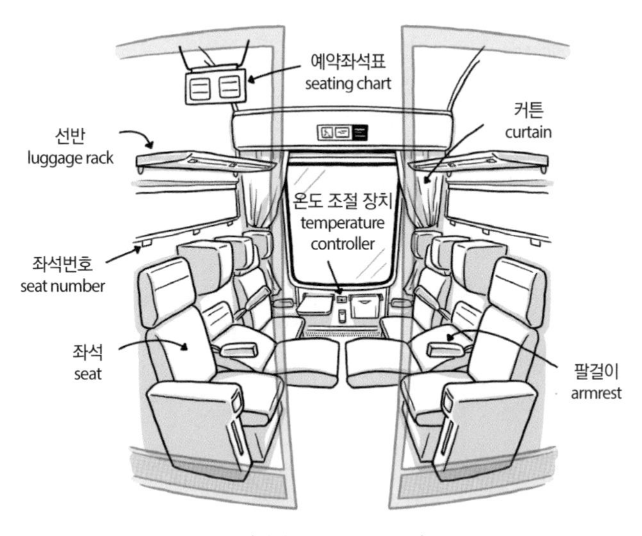

〈컴파트먼트 좌석 구조〉

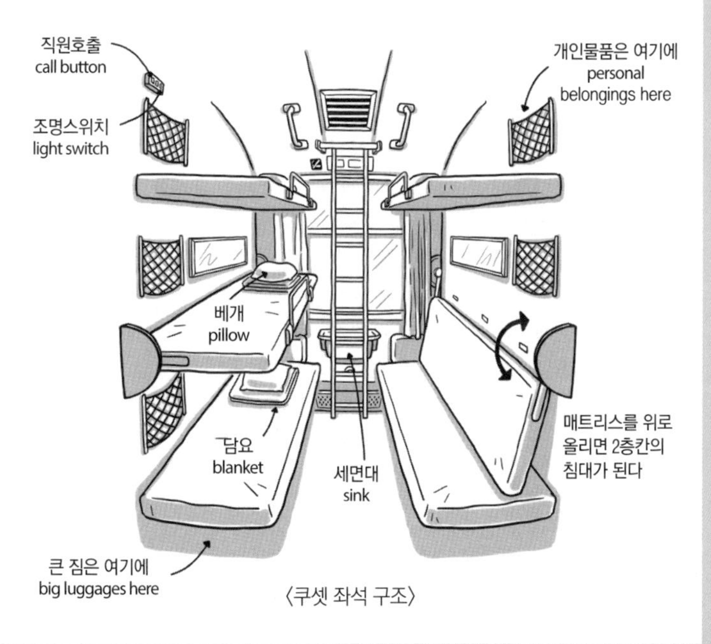

〈쿠셋 좌석 구조〉

3. 쿠셋 couchette

접었다 폈다 할 수 있는 간이 침대가 달려 있어서 낮에는 좌석으로 배치했다가 밤이 되면 침대를 펴서 누워 갈 수 있다. 컴파트먼트에 비해 안전하고 편안하지만 그만큼 가격이 비싸다. 또한 쿠셋에서는 차장이 여권과 패스를 맡아주어 야간에 국경을 통과하더라도 일어나야 하는 번거로움이 없으며 일부 열차에서는 아침 식사를 제공하기도 한다.

4. 침대차 sleeper

좌석 중 가장 편안하지만 가격 역시 가장 비싸다. Sleeper[슬리퍼]의 종류는 single sleeper(1인실), double sleeper(2인실) 혹은 triple sleeper(3인실)로 나뉘어지며 1등석 패스 소지자는 deluxe sleeper[딜럭스 슬리퍼]라고 한다. 침대차를 이용 시 아침에 무료 조식과 함께 차 혹은 커피를 마실 건지 물어본다.

■ 편의 시설 이용하기

1. 샤워시설 shower

야간열차의 이용객을 위해 유료 샤워 시설이 구비되어 있는 기차역이 있다. 대표적인 체인점으로 맥클린[Mc Clean]이 있다.

2. 화장실 restroom

열차 종류에 따라 상이하지만 기차 안 화장실의 세면대를 사용할 경우 발로 페달을 밟아야 물을 사용할 수 있다. 객실 안에 있는 간이세면대를 사용할 경우, 버튼을 눌러야 물이 나오는 경우도 있다.

3. 물품보관함 및 유인보관소 storage locker

물품보관함을 이용하여 짐을 편리하게 맡길 수 있다. 간단하게 locker[락커]라고 말하면 된다. 특히 이탈리아나 동유럽 국가에서는 도난사고의 위험성이 있어 사람이 관리하는 유인보관소를 이용하는 것이 안전하다.

4. 시간표 timetable

기차 여행시 가장 중요한 것은 시간표이다. 유럽의 기차역은 우리나라만큼 친절하지 않기 때문에, 반드시 본인이 탈 기차, 플랫폼 그리고 시간을 정확하게 알아둘 필요가 있다. 기차에서 별도로 안내방송이 나오지 않으니, 도착할 역과 시간을 기억해 두어야 한다.

대중교통 이용하기

■ 유로라인 Eurolines

유로라인은 우리나라의 고속버스와 비슷하며 유레일 패스에 비해 가격이 저렴하다. 그러나 우리나라와 달리 티켓으로 바로 버스 승차를 하는 것이 아니라 별도의 체크인 과정을 거친 후에 탑승할 수 있다. 유럽 국가들을 돌아 운행하므로 국경을 넘을 때 검문을 하거나 짐을 조사받을 수 있다.

■ 지하철 metro

지하철을 영국에서는 언더그라운드[Underground] 혹은 튜브[Tube], 독일에서는 유반[U Bahn]이라고 한다. 거의 대부분의 티켓 자동발매기는 영어 메뉴를 지원하고 있어 큰 어려움은 없다. 유럽의 지하철은 탑승 시 검표기나 보안바가 설치되어 있지 않으나 불시에 검표원이 티켓 검표를 한다. 또한 우리나라에서는 상상도 할 수 없는 일이지만, 유럽 일부 지하철에서는 버튼을 눌러 수동으로 문을 열어야 하는 열차도 있다.

■ 페리 ferry

육로로 갈 수 없는 지역을 가거나 낭만적인 여행을 즐기고 싶을 때 이용할 수 있다. 사전에 티켓을 예매한 경우 출항지에서 해당 페리 사무실을 찾아갈 필요 없이 바로 입국심사하는 곳으로 가서 예약번호를 말하면 된다.

■ 트램 tram

도로면 위로 다니는 전차를 트램이라 한다. 우리나라는 자동차가 보편화되면서 사라졌으나 유럽에선 아직도 트램이 운행되고 있는 곳이 많다. 이용 방법은 버스와 동일하게 티켓을 구입한 후 검표 기계에 티켓을 넣어 검표를 하면 된다.

교통수단

많은 단어를 알 필요 없다
왜? 말할 게 뻔하니까!

기차 & 철도

01	유레일 패스	Eurail Pass [유뤠일 패쓰]
02	예약	book [북]
03	물품보관함	storage locker [스토리쥐 락커]
04	샤워시설	shower [샤워]
05	시간표	timetable [타임테이블]
06	컴파트먼트	compartment [컴파트먼트]
07	쿠셋	couchette [쿠셋]
08	침대칸	sleeper [슬리퍼]
09	화장실	restroom [뤠쓰룸]

시내 대중교통

10	유로라인	Eurolines [유로라인]
11	지하철	metro [메트로]
12	버스	bus [버스]
13	트램	tram [트뤰]
14	페리	ferry [페뤼]
15	할인	discount [디스카운트]

빨리찾아 말하면 OK!

기차 & 철도

01 유레일 패스 Eurail Pass [유뤠일 패쓰]

유레일패스 개시하기

· 제 패스 개시하고 싶어요.
I wanna activate my pass.
[아이 워너 액티베잇 마이 패쓰.]

· 제 패스 개시하고 싶어요.
I wanna validate my pass.
[아이 워너 밸리데잇 마이 패쓰.]

· 이제 패스를 사용하셔도 됩니다.
Your pass is now valid.
[유어 패쓰 이즈 나우 밸리드.]

유레일 지원사무실 Eurail aid office

· 유레일 패스에 대해 질문이 있어요.
I have a question about using my Eurail Pass.
[아이 해버 쿠에스쳔 어바웃 유징 마이 유뤠일 패쓰.]

· 여권과 패스 보여주세요.
Show me your passport and your pass, please.
[쇼 미 유어 패쓰포트 앤 유어 패쓰 플리즈.]

· 트래블 리포트 작성하는 것 좀 도와주세요.
Help me write this travel report, please.
[헬미 롸잇 디스 트뤠블 뤼포트, 플리즈.]

· 유레일 패스를 잃어버렸습니다.
I lost my Eurail Pass.
[아이 러스트 마이 유뤠일 패쓰.]

· 어디를 여행할 계획이시죠?

Which country are you planning to travel to?
[위치 컨츄뤼 알 유 플래닝 투 트뤠블 투?]

· 둘러볼 국가가 4개 남았습니다.

I have four more countries to travel to.
[아이 햅 풔 모어 컨츄뤼스 투 트뤠블 투.]

· 그럼 유레일 셀렉트 패스를 사셔야 겠네요.

You should buy a Eurail Select Pass.
[유 슛 바이 어 유뤠일 셀렉트 패쓰.]

02 예약  book [북]

직접 예약하기

· 기차표 예약하려고요.

I wanna book a train ticket.
[아이 워너 부꺼 트뤠인 티켓.]

· 어디로 가시죠?
(목적지가 어디에요?)

Where are you headed?
[웨어 아 유 헤디드?]

· 비엔나로 가요.

I'm going to Vienna.
[암 고잉 투 비엔나.]

· 유레일 패스를 가지고 있어요.

I have a Eurail Pass.
[아이 해버 유뤠일 패쓰.]

· 1등석 패스예요.

I have a first class pass.
[아이 해버 펄스트 클래쓰 패쓰.]

· 컴파트먼트로 한 명이요.

One person, compartment.
[원 펄슨, 컴팔트먼트.]

· 뒤로 젖혀지는 좌석 하나요.

One reclining seat, please.
[원 뤼클라이닝 씻, 플리즈.]

· 쿠셋으로 한 명이요.

One person, couchette.
[원 펄슨, 쿠셋.]

· 6인용 쿠셋으로요.

Six bed couchette, please.
[씩스 벳 쿠셋, 플리즈.]

· 4인용 쿠셋으로요. Four bed couchette, please.
[풔 벳 쿠셋, 플리즈.]

· 1층 침대로 한 명이요. One person, under bed.
[원 펄슨, 언더 베드.]

· 2층 침대로 한 명이요. One person, middle bed.
[원 펄슨, 미를 베드.]

· 3층 침대로 한 명이요. One person, upper bed.
[원 펄슨, 어퍼 베드.]

· 침대칸 열차 한 명이요. One person, sleeper.
[원 펄슨, 슬리퍼.]

· 코치로 한 명이요. One person, coach.
[원 펄슨, 코취.]

· 유로스타 좌석 하나 예약 할게요. I wanna book a Eurostar seat.
[아이 워너 부꺼 유로스타 씻.]

전화 예약하기

· 신용카드 정보가 필요합니다. I need your credit card information.
[아이 니쥬어 크뤠딧 카드 인포메이션.]

· 신용카드 번호를 불러주세요. Your credit card number, please.
[유어 크뤠딧 카드 넘버 플리즈.]

· 유효기간을 불러주세요. Expiration date, please.
[익스퍼레이션 데잇, 플리즈.]

· (카드 뒷면의) CVC 코드 세 자리를 불러주세요. Three digits of your CVC number, please.
[쓰뤼 디짓 오브 유어 CVC 넘버, 플리즈.]

03 물품보관함 storage locker [스토리쥐 락커]

· 물품보관소가 어디 있나요? Where are the storage lockers?
[웨어 아더 스토리쥐 락커스?]

· 물품보관소 사용하는 것 좀 도와주세요.
Please help me use this storage locker.
[플리즈 헬미 유즈 디스 스토리쥐 락커.]

· 이 물품보관함은 고장 난 것 같아요.
I think this locker is broken.
[아이 띵크 디스 락커 이즈 브뤄큰.]

· 이 물품보관함 안전한가요?
Is this locker safe?
[이즈 디스 락커 쎄이프?]

· 이 물품보관함에 제 짐이 있어요.
My luggage is in this locker.
[마이 러기쥐 이즈 인 디스 락커.]

· 이 물품보관함에 있던 제 짐이 사라졌어요.
My luggage that was in this locker is gone.
[마이 러기쥐 댓 워즈 인 디스 락커 이즈 곤.]

유인보관소

· 짐을 맡기고 싶어요.
I wanna place my baggage for keeping.
[아이 워너 플레이스 마이 배기쥐 포 키핑.]

· 1시간 맡기는 데 얼마예요?
How much is it for an hour?
[하우 머취 이짓 포런 아워?]

· 하루 맡기는 데 얼마예요?
How much is it for a day?
[하우 머취 이짓 포러 데이?]

· 정오까지 이걸 맡기고 싶어요.
I wanna keep it here until noon.
[아이 워너 키핏 히어 언틸 눈.]

· 깨지기 쉬운 거예요. 조심해주세요.
It's fragile. Please be cautious.
[잇츠 프레쥘. 플리즈 비 커셔스.]

· 짐 찾고 싶어요.
I wanna reclaim my baggage.
[아이 워너 뤼클레임 마이 배기쥐.]

· 여기 제 확인증이요.
Here is my claim tag.
[히얼 이즈 마이 클레임 택.]

· 확인증을 잃어버렸어요.
I lost my claim tag.
[아이 러스트 마이 클레임 택.]

· 제 짐이 파손되었습니다.
My baggage has been damaged.
[마이 배기쥐 해즈 빈 대미쥐드.]

· 이건 제 짐이 아니에요.
This is not my baggage.
[디스 이즈 낫 마이 배기쥐.]

04 샤워시설 shower [샤워]

· 이 역에 샤워시설 있나요?
Is there a shower stall in this station?
[이즈 데얼 어 샤워 스톨 인 디스 스테이션?]

· 이 역에 맥클린 있나요?
Is there a Mc Clean in this station?
[이즈 데얼 어 맥클린 인 디스 스테이션?]

· 이용료가 얼마예요?
How much is the fee?
[하우 머취 이즈 더 퓌?]

· 화장실 이용하려구요.
I wanna use the restroom.
[아이 워너 유즈 더 뤠쓰룸.]

· 물품보관소만 이용할 수 있나요?
Can I use the locker only?
[캐나이 유즈 더 락커 온리?]

05 시간표 timetable [타임테이블]

· 기차 시간표가 어디 있나요?
Where is the train timetable?
[웨얼 이즈 더 트뤠인 타임테이블?]

· 영문 시간표가 있나요?
Do you have an English timetable?
[두 유 해번 잉글리쉬 타임테이블?]

· 노란색이 출발시간입니다.
The yellow one is the departure timetable.
[더 옐로우 원 이즈 더 디파춰 타임테이블.]

· 흰색이 도착시간입니다.
The white one is the arrival timetable.
[더 와잇 원 이즈 디 어롸이벌 타임테이블.]

· 여기 이게 비엔나 가는 기차가 맞나요?
Is this the train going to Vienna?
[이즈 디스 더 트뤠인 고잉 투 비엔나?]

· 이 시간표 보는 것 좀 도와 주세요.
Please help me with this timetable.
[플리즈 헬미 윗 디스 타임테이블.]

06 컴파트먼트 compartment [컴파트먼트]

· 여기 제 자리에요.
This is my seat.
[디스 이즈 마이 씻.]

· 이 자리는 제 이름으로 예약 되어 있어요.
This seat is booked under my name.
[디스 씻 이즈 북드 언더 마이 네임.]

· 여기 짐을 좀 놓아도 되나요?
Could I put my things here?
[쿠다이 풋 마이 띵스 히어?]

· 좌석은 어떻게 당기나요?
How do I pull down the seat?
[하우 두 아이 풀 다운 더 씻?]

· 좌석을 당길 수가 없어요.
I can't pull down my seat.
[아이 캔 풀 다운 마이 씻.]

· 이 팔걸이가 안 내려 가네요.
This armrest won't go down.
[디스 암웨스트 원 고 다운.]

· 이 팔걸이가 안 올라 가네요.
This armrest won't go up.
[디스 암웨스트 원 고 업.]

· 팔을 조금만 치워 주실래요?
Could you move your arm a little?
[쿠쥬 무브 유어 암 어 리틀?]

· 커튼을 열어도 될까요?
Is it okay to draw the curtain?
[이짓 오케이 투 드뤄 더 컬튼?]

· 커튼을 열어주시겠어요?
Do you mind drawing the curtain?
[두 유 마인 드뤄잉 더 컬튼?]

· 커튼을 닫아도 될까요?
Do you mind closing the curtain?
[두 유 마인 클로징 더 컬튼?]

· 커튼을 닫아주시겠어요?
Could you close the curtain?
[쿠쥬 클로즈 더 컬튼?]

· 여기 너무 덥지 않나요?

Isn't it too hot in here?
[이즌 잇 투 핫 인 히어?]

· 여기 너무 춥지 않나요?

Isn't it too cold in here?
[이즌 잇 투 콜드 인 히어?]

· 온도를 좀 조절해 주실래요?

Could you adjust the temperature?
[쿠쥬 어줘스트 더 템펄춰?]

· 온도 조절 장치가 작동이 안 돼요.

This temperature controller doesn't work.
[디스 템펄춰 컨트롤러 더즌 웍.]

· 제 자리에 베개 커버가 안 씌워져 있어요.

There is no pillow cover on my seat.
[데얼 이즈 노 필로우 커버 온 마이 씻.]

07 쿠셋 couchette [쿠셋]

· 이 짐을 옆으로 좀 옮겨도 될까요?

Could I move this luggage a little aside?
[쿠다이 무브 디스 러기쥐 어 리틀 어싸이드?]

· 여기 제 짐을 좀 같이 놔도 될까요?

Could I put some of my stuff here?
[쿠다이 풋 써모브 마이 스터프 히얼?]

· 1층 침대로 예약했어요.

I booked the under bed.
[아이 북드 디 언더 베드.]

· 중간 침대로 예약했어요.

I booked the middle bed.
[아이 북드 더 미를 베드.]

· 제일 위의 침대로 예약했어요.

I booked the upper bed.
[아이 북드 디 어퍼 베드.]

· 저희 방 침대를 내리고 싶어요.

We'd like to make the bed.
[윗 라익 투 메익 더 베드.]

· 저희 방에 담배 피우시는 분 있나요?

Does anyone smoke in this cabin?
[더즈 애니원 스모크 인 디스 캐빈?]

· 저희 방 재떨이가 꽉 찼네요.
The ashtray in our room is full.
[디 애쉬트뤠이 인 아워 룸 이즈 풀.]

· 저희 방 재떨이 좀 비워 주실래요?
Could you empty our ashtray?
[쿠쥬 엠티 아워 애쉬트뤠이?]

· 저는 침대 시트가 없어요.
I don't have a bed sheet.
[아이 돈 해버 베드 쉿.]

· 저는 담요가 없어요.
I don't have a blanket.
[아이 돈 해버 블랭킷.]

· 저는 베개가 없어요.
I don't have a pillow.
[아이 돈 해버 필로우.]

· 제 독서등이 고장났어요.
My reading light is not working.
[마이 뤼딩 라잇 이즈 낫 월킹.]

· 세면대에 문제가 있어요.
Something is wrong with the sink.
[썸띵 이즈 뤙 윗더 씽크.]

· 세면대 다 쓰시면 말씀해 주세요.
Please tell me when you're done with the sink.
[플리즈 텔 미 웬 유알 던 윗더 씽크.]

· 블라인드를 내려도 될까요?
Do you mind rolling down the shade?
[두 유 마인 뤌링 다운 더 쉐이드?]

· 여권과 철도 패스를 주세요.
Your passport and pass(ticket), please.
[유어 패쓰포트 앤 패쓰, 플리즈.]

· 아침 식사는 언제인가요?
When is the breakfast?
[웬 이즈 더 브뤡퍼스트?]

08 침대칸 sleeper [슬리퍼]

· 1인실로 예약했어요.
I booked the single sleeper.
[아이 북드 더 싱글 슬리퍼.]

· 2인실로 예약했어요.
I booked the double sleeper.
[아이 북드 더 더블 슬리퍼.]

· 3인실로 예약했어요.
I booked the triple sleeper.
[아이 북드 더 트뤼플 슬리퍼.]

· 디럭스로 예약했어요.
I booked the deluxe sleeper.
[아이 북드 더 딜럭스 슬리퍼.]

· 타월이 하나 모자라요.
We have a towel missing.
[위 해버 타월 미씽.]

· 옷걸이를 더 주실 수 있나요?
Could you get me some more hangers?
[쿠쥬 겟 미 썸 모어 행어스?]

· 수독꼭지에서 물이 안 나오는 것 같아요.
I think the water tap is not working.
[아이 띵 더 워러 탭 이즈 낫 웕킹.]

· 양치용 물을 더 주세요.
Please get me another cup of mouth wash.
[플리즈 겟 미 어나덜 컵 오브 마우쓰 워쉬.]

· 침대 시트가 더럽네요.
My bed sheet is dirty.
[마이 베드 쉿 이즈 더뤼.]

· 방송 볼륨 조절이 안 됩니다.
I can't adjust the announcement volume.
[아이 캔 어줘스 디 어나운쓰먼트 볼륨.]

· 제 칸 온도 조절이 안 됩니다.
I can't adjust my cabin temperature.
[아이 캔 어줘스트 마이 캐빈 템펄춰.]

· 조명이 안 켜지는 것 같아요.
I think my light is not working.
[아이 띵크 마이 라잇 이즈 낫 웕킹.]

· (아침에) 커피를 마실게요.
I'll have coffee.
[아윌 햅 커퓌.]

09 화장실 restroom [뤠쓰룸]

· 페달이 고장난 것 같아요.
I think the pedal is not working.
[아이 띵 더 페달 이즈 낫 웕킹.]

· 버튼이 고장난 것 같아요.
I think the button is not working.
[아이 띵 더 버튼 이즈 낫 웕킹.]

10 유로라인 Eurolines [유로라인]

· 유로라인 버스 사무실이 어디 있나요?
Where is the Eurolines office?
[웨얼 이즈 더 유로라인 오피쓰?]

· 유로라인은 어디서 타나요?
Where is the Eurolines stop?
[웨얼 이즈 더 유로라인 스탑?]

· 좌석 예약하고 싶어요.
I wanna book a seat, please.
[아이 워너 부꺼 씻, 플리즈.]

· 체크인은 어디서 하나요?
Where do I check in?
[웨얼 두 아이 췌킨?]

· 추가 수하물이 있습니다.
I have extra luggage.
[아이 햅 엑스트롸 러기쥐.]

· 혹시, 지금 와이파이 되세요?
Did you get the Wifi here?
[디쥬 겟 더 와이파이 히얼?]

· 와이파이 비밀번호가 뭔가요?
What is the Wifi password?
[왓 이즈 더 와이파이 패쓰워드?]

· 잠시 짐 검사를 하겠습니다.
Let me inspect your baggage.
[렛 미 인스펙츄어 배기쥐.]

· 버스에서 잠시 나와주세요.
Please step out of the bus.
[플리즈 스텝 아우로브 더 버스.]

11 지하철 metro [메트로]

· 여기가 빅토리아 코치역으로 가는 노선이 맞나요?
Is this the line for the Victoria Coach station?
[이즈 디스 더 라인 포 더 빅토뤼아 코취 스테이션?]

· 빅토리아 코치역으로 가려고 합니다.

I'm headed to the Victoria Coach station.
[암 헤디드 투 더 빅토뤼아 코취 스테이션.]

· 티켓 자동발매기가 어디 있나요?

Where is the ticket machine?
[웨어리즈 더 티켓 머쉰?]

· 영어로 어떻게 바꾸나요?

How do I change this to English?
[하우 두 아이 췌인쥐 디스 투 잉글리쉬?]

· 이 열차의 종점이 어디인가요?

What is the final destination of this train?
[왓 이즈 더 퐈이널 데스티네이션 오브 디스 트뤠인?]

· 열차를 잘못 탔습니다.

I got on the wrong train.
[아이 갓 온 더 뤙 트뤠인.]

· 티켓 좀 보여주세요.

Show me your ticket, please.
[쇼미 유어 티켓, 플리즈.]

· 티켓 검표를 하겠습니다.

Let me check your ticket, please.
[렛 미 췍 유어 티켓, 플리즈.]

· 버튼을 눌러주세요.

Please push the button.
[플리즈 푸쉬 더 버튼.]

12 버스  bus [버스]

· 자동발매기를 어떻게 사용하나요?

How do I use this ticket machine?
[하우 두 아이 유즈 디스 티켓 머쉰?]

· 저는 로열 파빌리온으로 가요.

I'm headed to the Royal Pavilion.
[암 헤디드 투 더 뤄얄 파빌리온.]

· 내려야 할 때를 알려 주시겠어요?

Could you please tell me when to get off?
[쿠쥬 플리즈 텔 미 웬 투 게로프?]

· 2층에서는 앉아주세요.

Please be seated on the second floor.
[플리즈 비 씨리드 온 더 세컨 플로워.]

13 트램 tram [트뤰]

- 트램은 어디서 탈 수 있나요?
  Where can I ride a tram?
  [웨어 캐나이 롸이더 트뤰?]
- 이 트램은 어디로 가나요?
  Where does this tram go to?
  [웨어 더즈 디스 트뤰 고 투?]
- 이 트램이 메튜 스트리트에 가나요?
  Does this tram go to the Matthew Street?
  [더즈 디스 트뤰 고 투 더 메튜 스트륏?]
- 내려야 할 때를 알려 주시겠어요?
  Could you please tell me when to get off?
  [쿠쥬 플리즈 텔 미 웬 투 게로프?]

14 페리 ferry [페뤼]

- 입국심사 하는 곳이 어딘가요?
  Where is immigration?
  [웨어리즈 이미그뤠이션?]
- 제 예약번호는 12345번이에요.
  My booking reference number is 12345.
  [마이 부킹 뤠퍼뤈쓰 넘버 이즈 12345.]

15 할인  discount [디스카운트]

- 할인 받을 수 있나요?
  Can I get a discount?
  [캐나이 게러 디스카운트?]
- 저는 학생이에요.
  I'm a student.
  [암 어 스튜던트.]
- 저는 국제학생증을 가지고 있어요.
  I have an international student ID card.
  [아이 해번 인터내셔널 스튜던 아이디 카드.]

· 유레일 패스로 할인을 받을 수 있나요?

Can I get a discount with my Eurail Pass?
[캐**나**이 게**러** **디**스카운트 윗 **마**이 **유**뤠일 **패**쓰?]

· 유로라인 패스로 할인을 받을 수 있나요?

Can I get a discount with my Euroline Pass?
[캐**나**이 게**러** **디**스카운트 윗 **마**이 **유**로라인 **패**쓰?]

PART 02

자동차 여행

- 픽업하기
- 주차하기
- 주유소에서
- 캠핑장에서
- 반납하기

렌터카 이용하기

■ 렌터카 예약 방법

1. 렌터카 회사

   세계적인 렌터카 회사로 허츠 Hertz, 에이비스 Avis, 알라모 Alamo 등이 있다. 현지에 가서 예약하면 가격이 더 비싸지므로 떠나기 전 미리 예약해 두는 것이 좋다. 또한 유럽에서 운전하려면 국제면허증이 있어야 하므로 미리 이를 발급받아 두어야 한다. 국내운전면허 소지자라면 수수료를 내고 누구나 발급이 가능하다.

2. 렌트에 필요한 서류

   여권, 국제면허증, 국내면허증, 신용카드

3. 예약 방법 및 유의 사항

   여행이 결정되면 가기 전 직접 사이트에 들어가 가격을 비교해 본 후 예약을 한다. 이때 보험 가입 여부를 확인하고 차량 인수 장소를 확인하여 여행 동선을 계획해야 한다.

   예약 시 받은 접수 번호 Reference number는 적어두는 것이 좋다. 비상 상황이 발생했을 때 응급 지원센터에 전화를 걸어 도움을 요청하게 될 경우 접수 번호를 말하면 빠르게 진행된다.

차량 픽업하기

국가나 센터에 따라 정해진 약속 장소에서 픽업이 진행되는 경우도 있으나 직접 센터에 찾아가서 진행되는 경우도 있다.

차량 인수 시에는 간혹 예약했던 차량이 아닌 다른 종류의 차량을 받을 수 있으니 이를 잘 확인해야 한다. 또한 차량의 손상 여부를 미리 확인해 두어야 반납 시 불이익을 당하지 않을 수 있다.

차량 반납하기

차량을 픽업한 곳과 반납하는 나라가 달라질 경우 추가 요금을 지불해야 한다. 또한 거리에 따라 마일리지 제한이 있을 경우, 주행한 거리가 제한 거리에서 추가한 만큼 비용을 지불해야 하므로 이를 염두에 두어야 한다.

운전 시 유의사항

■ 주차장의 종류

1. 실내 주차장 car park

    실내 주차장의 경우 CCTV가 설치되어 있고 관리인이 있기 때문에 차량의 파손이나 도난의 문제에 있어 가장 안전한 곳이다. 우리나라의 실내 주차장과 마찬가지로 주차티켓을 뽑고, 무인계산기를 통해 요금을 정산한 후 나가면 된다.

2. 가변 주차장 off-street parking area

    가변 주차장은 도로변 가에 주차하는 방식인데, 무료로 운영되는 곳도 있고 유료로 운영되는 곳도 있다. 유료인 경우 주차 미터기가 설치되어 있으므로 미터기가 없으면 무료라고 생각하면 된다. 단, 거주자를 위한 전용 구역일 경우에는 벌금을 물어야 할 수 있으니 주의해야 한다.

3. P&R park and ride

    P&R은 Park and Ride로 대중교통이 연계된 공영주차장과 비슷한 개념이다. 자동차를 이용하여 주차장까지 간 후, 주차장부터 시내 중심까지는 대중교통을 이용할 수 있도록 대체로 기차나 지하철, 버스 정류장에서 가까운 곳에 위치해 있다.

■ 주유

1. 주유 방식

    유럽의 주유소는 우리나라와 달리 운전자가 직접 주유하는 셀프 주유소가 대부분이다. 셀프 주유는 연료 주입구를 열어 연료를 넣은 후 주유기 번호를 확인하여 정산하면 된다.

2. 주유 표기

영국에서 휘발유는 'gasoline', 경유는 'diesel'이고 프랑스에서는 휘발유를 'essence', 경유는 'gazole'라고 한다.

3. 주유 가격

주유 가격은 나라와 주유소마다 차이가 있지만 휘발유는 리터당 1.5~1.8유로, 경유는 1.4~1.7유로 정도 된다.

자동차로 캠핑장 이용하기

■ 캠핑장 이용 방법

유럽에는 많은 수의 캠핑장이 있기 때문에 특별히 예약을 하지 않아도 손쉽게 이용할 수 있다. 캠핑장 입구에서 체크인을 하고 계산 후 이용하면 된다. 체크인 시 여권이 필요한 경우 제시하면 되고, 차량의 수와 전기 사용 여부, 캠핑장의 위치 등의 조건을 얘기하고 이에 맞게 비용을 지불하면 된다.

■ 편의 시설 이용

설거지실 및 세탁실, 화장실, 샤워실이 모두 공동으로 이용할 수 있도록 되어 있다. 각 캠핑 사이트(텐트를 칠 수 있게 되어 있는 구역) 옆에는 전기를 끌어다 쓸 수 있도록 전기 박스가 설치되어 있는데, 전기를 사용하려면 전용 어댑터가 필요하다. 구입하기 힘들다면 체크인 할 때 빌릴 수도 있다.

■ 캠핑장 내의 숙박

캠핑장 안에 숙박 시설이 있는 곳도 있어 경우에 따라 이용할 수 있다. 방갈로는 주방과 욕실이 있어 편리하나 가격이 비싸고, 캐빈은 샤워 시설이 없이 방 하나로만 되어 있는 대신 가격이 저렴하다. 캐러밴 역시 방이 좁지만 가격이 저렴하다.

■ 자동차 호텔

유도시 외곽의 도로 옆이나 고속도로 출구 주변에 위치하며 시설을 간소하게 설치하여 상대적으로 숙박비를 저렴하게 받는 곳을 자동차 호텔이라 한다. 실내 혹은 야외 주차장을 갖고 있으며 체인으로 운영되는 곳이 많다. Ibis Budget[이비스 버짓], Hotel F1[호텔 에프원], Travel Lodge[트래블 롯지], Motel One[모텔 원] 등은 대표적인 자동차 호텔 체인점이다.

자동차 여행

많은 단어를 알 필요 없다
왜? 말할 게 뻔하니까!

픽업하기

01 차량픽업 — pick-up [피껍]

02 차량인수 — take over [테익 오버]

03 응급상황 — emergency [이멀줜씨]

주차하기

04 주차장 — car park [카 팍]

05 가변주차장 — off-street parking area [오프-스트륏 파킹 애뤼아]

06 P&R — Park and Ride [파크 앤 롸이드]

주유소에서

07 셀프주유소 — self-service gas station [셀프-서비쓰 개쓰테이션]

08 휘발유 — gasoline [개쏠린]

09 슈퍼마켓 주유소 — grocery gas station [그뤄써뤼 개쓰테이션]

10 세차 — car wash [카 워쉬]

캠핑장에서

11 체크인 — check-in [**췌**킨]

12 캠핑사이트 — camping site [**캠**핑 **싸**잇]

13 전기 — electricity [일**렉**트뤼**씨**티]

14 정화조 — chemical toilet [**케**미칼 **토**일렛]

15 샤워시설 — shower [**샤**워]

16 설거지실 — dish washing area [**디**쉬 워**싱 애**뤼아]

17 편의 시설 — convenience facilities [컨**비**니언쓰 파**씰**리티스]

18 세탁실 — laundry area [**런**드뤼 **애**뤼아]

19 자동차 호텔 — car hotel [**카** 호**텔**]

반납하기

20 반납 — return [뤼**턴**]

21 연장/변경 — extend/change [익스**텐**드/**췌**인쥐]

빨리찾아 말하면 OK!

픽업하기

01 차량픽업 pick-up [피껍]

- 차량을 픽업하려고 전화 드렸습니다. I'm calling to pick up my car. [암 콜링 투 피껍 마이 카.]
- 제 이름은 이시원입니다. My name is Siwon Lee. [마이 네임 이즈 시원 리.]
- 제 2터미널 앞에서 기다리겠습니다. I'll wait at Terminal number two. [아윌 웨잇 앳 터미널 넘버 투.]
- 거기서 20분 후에 뵙겠습니다. I'll be there in twenty minutes. [아윌 비 데어린 투애니 미닛츠.]
- 미니 셔틀버스를 기다리세요. Please wait for the mini shuttle bus. [플리즈 웨잇 포 더 미니 셔를 버스.]
- 차량 픽업 약속을 잡으려고요. I wanna make an appointment for my pick-up. [아이 워너 메이컨 어포인먼트 포 마이 피껍.]
- 7월 2일 도착입니다. I will be arriving on July 2nd. [아윌 비 어롸이빙 온 줄라이 쎄컨.]
- 렌 테제베역에서 기다리겠습니다. I'll wait at the Rennes TGV Station. [아윌 웨잇 앳 더 렌 때재배 스따씨용.]
- 거기서 5시 30분에 뵙겠습니다. I'll be there at five-thirty. [아윌 비 데얼 앳 파이브 써뤼.]
- 차량 픽업을 약속했습니다. I made an appointment for my pick-up. [아이 메이던 어포인먼트 포 마이 피껍.]

· 비행기가 연착되었습니다.
My flight has been delayed.
[마이 플라잇 해즈 빈 딜레이드.]

· 기차가 연착되었습니다.
My train has been delayed.
[마이 트뤠인 해즈 빈 딜레이드.]

· 오늘 차량을 받을 수 있나요?
Can I pick up my car today?
[캐나이 피껍 마이 카 투데이?]

· 언제 차량을 받을 수 있나요?
When will I be able to pick up my car?
[웬 윌 아이 비 에이블 투 피껍 마이 카?]

· 제가 센터로 지금 직접 가면요?
What if I go to the center(agency) right now?
[왓 이프 아이 고 투 더 쎈터 롸잇 나우?]

· 제 전화번호는 00-10-1234-5678 입니다.
My number is 00-10-1234-5678.
[마이 넘버 이즈 00-10-1234-5678.]

02 차량인수 take over [테익 오버]

· 여기 제 여권입니다.
Here is my passport.
[히얼 이즈 마이 패쓰포트.]

· 여기 제 면허증입니다.
Here is my driver's license.
[히얼 이즈 마이 드롸이버스 라이쎈스.]

· 여기 제 서류들입니다.
Here are my documents.
[히얼 알 마이 다큐먼쓰.]

간혹, 예약했던 차량이 아닌
다른 종류의 차량을 받을 수밖에 없는 상황이 있을 수 있습니다.

· 예약하셨던 차가 현재 없습니다.
The car you signed up for is currently not available.
[더 카 유 싸인업 포 이즈 커뤤리 낫 어베일러블.]

· 다른 차를 준비했는데, 괜찮으신가요?
We've got a different car ready to go, is that okay?
[위브 가러 디퍼런 카 뤠리 투 고, 이즈 댓 오케이?]

· 어떤 모델이죠?

Which model is it?
[위치 모델 이짓?]

· 상위 등급인 AA모델입니다.

It's the upper model, AA.
[잇츠 디 어퍼 모델, AA.]

· 추가비용은 없습니다.

There's no extra charge.
[데얼즈 노 엑스트롸 촤쥐.]

· 가격은 변동이 없는 거죠?

No extra charge, right?
[노 엑쓰트롸 촤쥐, 롸잇?]

· 지금 오토매틱이 없습니다.

We don't have any automatic cars available right now.
[위 돈 헤배니 오토매틱 카스 어베일러블 롸잇 나우.]

· 수동차량 괜찮으신가요?

Is a manual-shift car okay with you?
[이저 매뉴얼-쉬프트 카 오케이 위듀?]

· 아니요, 전 오토로만 운전합니다.

No, I only drive automatic cars.
[노, 아이 온리 드롸이브 오토매틱 카스.]

· 차량을 준비하는 데 3시간 정도 걸립니다.

It will take about three hours to get your car ready.
[잇 윌 테익 어바웃 쓰뤼 아워스 투 겟 유어 카 뤠리.]

03 응급상황 emergency [이멀줜씨]

차량픽업 시 문제가 생긴 경우

· 제가 차량을 픽업하려고 합니다.

I'm trying to pick up my car.
[암 트롸잉 투 피껍 마이 카.]

· 센터에서 전화를 받지 않습니다.

The center(agency) is not picking up the phone.
[더 센터 이즈 낫 피킹 업 더 폰.]

· 제 이름은 이시원입니다.
My name is Siwon Lee.
[마이 네임 이즈 시원 리.]

· 계약서번호는 12345입니다.
My contract number is 12345.
[마이 컨트뤡 넘버리즈 12345.]

· 약속장소에서 기다렸으나 아무도 오지 않았습니다.
I waited at the meeting spot, but nobody came.
[아이 웨이리드 앳 더 미팅 스팟, 벗 노바리 케임.]

· 전 1시간이 넘게 기다렸어요.
I waited for over an hour.
[아이 웨이리드 포 오버런 아워.]

· 전 어떻게 해야 하나요?
What should I do?
[왓 슈라이 두?]

· 시간도 늦었고 전 잘 곳도 없어요.
It's already late and I don't have any place to sleep.
[잇츠 올뤠리 레잇 앤 아이 돈 해배니 플레이스 투 슬립.]

· 그 쪽에서 호텔 비용을 부담하는 거죠?
The company is paying for the hotel, right?
[더 컴퍼니 이즈 페잉 포 더 호텔, 롸잇?]

· 이 차는 제가 계약한 차량과 다릅니다.
This car is different from what I've signed up for.
[디스 카 이즈 디퍼뤈 프롬 왓 아입 싸인업 포.]

· 센터에서 제가 계약한 차량이 없다고 합니다.
The center(agency) does not have the car I've signed up for.
[더 쎈터 더즈 낫 햅 더 카 아입 싸인업 포.]

· 얼마나 있어야 차를 받을 수 있나요?
How soon will I get my car?
[하우 쑨 윌 아이 겟 마이 카?]

· 차량이 준비되는 데에 1박 이상이 소요될 것 같습니다.
It will take more than a day to get your car ready.
[잇 윌 테익 모어 댄 어 데이 투 겟 유어 카 뤠리.]

· 저희가 묵을 호텔을 예약해 드리겠습니다.
We will book a hotel for you to stay.
[위 윌 부꺼 호텔 포 유 투 스테이.]

차량인수 시 차량에 문제가 생긴 경우

· 내비게이션이 작동을 안 하는 것 같아요.
I think the navigation is not working.
[아이 띵 더 네비게이션 이즈 낫 월킹.]

· 타이어가 좀 이상한 것 같은데요.
Something is wrong with the tire.
[썸띵 이즈 뤙 윗더 타이어.]

· 타이어에 바람이 빠진 것 같아요.
I think the tire is flat.
[아이 띵 더 타이어 이즈 플랫.]

· 기어가 조작하기 좀 힘든데요.
The gear shift is very hard to control.
[더 기어 쉬프트 이즈 베뤼 할투 컨트뤌.]

· 의자가 젖혀지지 않아요.
This car seat is unable to recline.
[디스 카 씻 이즈 어네이블 투 뤼클라인.]

· 의자가 앞으로 당겨지지 않아요.
This car seat is unable to pull forward.
[디스 카 씻 이즈 어네이블 투 풀 포워드.]

· 의자가 뒤로 당겨지지 않아요.
This car seat is unable to pull backward.
[디스 카 씻 이즈 어네이블 투 풀 백웟.]

· 백미러가 움직이지 않습니다.
The rearview mirror is not moving.
[더 뤠어뷰 미뤄 이즈 낫 무빙.]

· 와이퍼가 작동하지 않습니다.
The windscreen wipers don't work.
[더 윈스크륀 와이퍼 돈 웍.]

· 헤드라이트가 작동하지 않습니다.
The headlights are not working.
[더 헷라잇 알 낫 워킹.]

차량 고장/파손/도난을 당했을 때

· 차량이 고장 났습니다.
My car has broken down.
[마이 카 해즈 브뤄큰 다운.]

· 차량이 파손되었습니다.
My car has been damaged.
[마이 카 해즈 빈 데미쥐드.]

· 차량을 도난 당했습니다.
My car has been stolen.
[마이 카 해즈 빈 스톨른.]

· 유리창이 파손되었습니다.
My car window has been smashed.
[마이 카 윈도우 해즈 빈 스매쉬드.]

· 타이어가 펑크났습니다.
I have a flat tire.
[아이 해버 플랫 타이어.]

· 사고가 났습니다.
There has been an accident.
[데얼 해즈 빈 언 액씨던트.]

· 제 이름은 이시원입니다.
My name is Siwon Lee.
[마이 네임 이즈 시원 리.]

· 차량번호는 AB-123-CD 입니다.
The plate number is AB-123-CD.
[더 플레잇 넘버 이즈 AB-123-CD.]

· 계약서번호는 12345입니다.
My contract number is 12345.
[마이 컨트랙 넘버리즈 12345.]

· 제 위치는 콩코르드 광장이에요.
I'm near the Place de la Concorde.
[암 니얼 더 쁠라스 드 라 꽁꺼르드.]

· 제 전화번호는 00-10-1234-5678 입니다.
My number is 00-10-1234-5678.
[마이 넘버리즈 00-10-1234-5678.]

· 정비소 위치는요…
The location of the repair shop is...
[더 로케이션 오브 더 뤼페어 샵 이즈…]

· 기존 것과 동일한 차량렌트를 원하세요?
Would you like to rent the same type as the original car?
[우쥬 라익 투 뤤터 쌔임 타입 애즈 디 오뤼지널 카?]

· 수리되는 동안 호텔 숙박을 원하세요?
Would you like to stay at a hotel during the repair?
[우쥬 라익 투 스테이 애러 호텔 듀링 더 뤼페어?]

04 주차장 car park [카 팍]

실내 주차장 indoor car park

· 가까운 실내 주차장이 어디 있나요?
Where is the nearest indoor car park?
[웨어리즈 더 니어뤼스트 인도어 카 팍?]

· 주차 티켓이 기계에서 안 나옵니다.
The parking ticket won't come out of the machine.
[더 파킹 티켓 원 컴 아웃 오브 더 머쉰.]

· 출구가 어디죠?
Where is the exit?
[웨어리즈 디 엑싯?]

· 요금이 더 나온 것 같습니다.
I think this has been overcharged.
[아이 띵 디스 해즈 빈 오버촤쥐드.]

공용주차장 public parking lot

· 미리 돈을 내셔야 합니다.
You need to pay in advance.
[유 니투 페이 인 어드벤쓰.]

· 나갈 때 돈을 내시면 됩니다.
You can pay on your way out.
[유 캔 페이 온 유어 웨이 아웃.]

· 시간 연장하려면 어떻게 하죠?
What should I do to extend the time?
[왓 슈라이 두 투 익스텐 더 타임?]

· 시간을 잘못 입력했습니다.
I accidently put the wrong time.
[아이 액씨던리 풋 더 뤙 타임.]

· 여기 CCTV가 있나요?
Are there any security cameras around here?
[아 데얼 애니 세큐뤼티 캐메롸 어롸운 히얼?]

05 가변주차장  off-street parking area [오프-스트륏 파킹 애뤼아]

- 여기는 먼저 요금을 계산하는 방식인가요?
  Is it pay-and-display system here?
  [이짓 페이 앤 디스플레이 시스템 히얼?]
- 지금 무료인가요?
  Is it free now?
  [이짓 프뤼 나우?]
- 여기 지금 주차 가능한가요?
  Is it available to park here now?
  [이짓 어베일러블 투 팍 히얼 나우?]
- 여기는 전용 주차구역입니다.
  This parking area is reserved.
  [디스 파킹 애뤼아 이즈 뤼저브드.]
- 2시간만 주차하실 수 있습니다.
  You may park here for maximum two hours.
  [유 메이 팍 히얼 포 맥씨멈 투 아월스.]
- 죄송하지만, 잔돈으로 바꿔 주실 수 있는 동전이 있나요?
  Sorry to bother you, but do you have any extra change I can trade?
  [쏘뤼 투 바덜 유, 벗 두 유 해배니 엑쓰트롸 췌인지 아이 캔 트뤠이드?]

06 P&R P+R Park and Ride [파크 앤 롸이드]

- 여기 가까운 P&R이 어디 있나요?
  Where is the nearest Park and Ride?
  [웨어리즈 더 니어뤼스트 파크 앤 롸이드?]
- 지하철표 할인은 어떻게 받을 수 있죠?
  How can I get a discount on a metro ticket?
  [하우 캐나이 게러 디스카운트 온 어 메트로 티켓?]
- 트램표 할인은 어떻게 받을 수 있죠?
  How can I get a discount on a tram ticket?
  [하우 캐나이 게러 디스카운트 온 어 트뤰 티켓?]

· 자전거 대여해주는 곳은 어디 있나요?

Where can I rent a bicycle?
[웨얼 캐나이 뤤터 바이씨클?]

· 여기 CCTV가 있나요?

Are there any security cameras around here?
[알 데어 애니 세큐뤼티 캐메롸스 어롸운 히어?]

주유소에서

07 셀프주유소

self-service gas station
[셀프-서비쓰 개쓰테이션]

· 어떤 기름을 넣어야 할지 모르겠어요.

I don't know which gas I should pump in.
[아이 돈 노 위취 개쓰 아이 슛 펌핀.]

· 3번 주유기입니다.

Pump number three, please.
[펌프 넘버 쓰뤼, 플리즈.]

· 기계에서 신용카드가 안 나와요.

The credit card won't come out of the machine.
[더 크뤠딧 카드 원 커마웃 오브 더 머쉰.]

· PIN번호 입력이 안 됩니다.

I can't put my PIN number in.
[아이 캔 풋 마이 핀 넘버 인.]

· 주유기의 번호를 잘못 눌렀습니다.

I pressed the wrong pump number.
[아이 프뤠쓰 더 뤙 펌프 넘버.]

08 휘발유

gasoline [개쏠린]

· 휘발유 가득 넣어주세요.

Fill it up with gasoline, please.
[필 이럽 윗 개쏠린, 플리즈.]

· 수퍼등급으로 가득 넣어주세요.

Fill it up with Super, please.
[필 이럽 윗 수퍼, 플리즈.]

· 수퍼플러스 등급으로 가득 넣어주세요.

Fill it up with Super Plus, please.
[필 이럽 윗 수퍼 플러스, 플리즈]

· 어떤 휘발유를 넣어야 할지 모르겠어요.

I got no idea which gas to put in my car.
[아이 갓 노 아이디어 위치 개쓰 투 푸린 마이 카.]

09 슈퍼마켓 주유소

grocery gas station [그뤄써뤼 개쓰테이션]

· 가까운 슈퍼마켓 주유소가 어디 있나요?

Where is the nearest grocery gas station?
[웨어리즈 더 니어뤼스트 그뤄써뤼 개쓰테이션?]

· 이것들도 같이 계산해 주세요.

I'll take these as well.
[아윌 테익 디즈 애즈 웰.]

· 7번 주유기입니다.

Pump number seven, please.
[펌프 넘버 세븐, 플리즈.]

10 세차

car wash [카 워쉬]

· 세차하려고요.

Car wash, please.
[카 워쉬, 플리즈.]

· 여기서 주유했는데, 할인되나요?

I just filled up the gas here, any discount?
[아이 저스 필덥 더 개쓰 히얼, 애니 디스카운트?]

· 세차 쿠폰이 있습니다.

I have a car wash coupon.
[아이 해버 카 워쉬 쿠폰.]

11 체크인　check-in [췌킨]

· 체크인 하려고 합니다.
I wanna check-in, please.
[아이 워너 췌킨, 플리즈.]

· 2명입니다.
Two people.
[투 피플.]

· 3명입니다.
Three people.
[쓰뤼 피플.]

· 차량은 1대입니다.
We got one car.
[위 갓 원 카.]

· 차량은 2대입니다.
We got two cars.
[위 갓 투 카스.]

· 전기 사용할 거예요.
We'll use the electricity.
[위윌 유즈 디 일렉트뤼씨티.]

· 전기요금은 별도로 계산하셔야 합니다.
You need to pay separately for the electricity.
[유 니투 페이 쎄퍼뤳리 포 디 일렉트뤼씨티.]

· 여권을 보여주세요.
Show me your passport, please.
[쇼 미 유어 패쓰포트, 플리즈.]

· 여권은 제게 맡겨주시면 됩니다.
You can leave your passport with me.
[유 캔 리뷰어 패쓰포트 윗 미.]

· 샤워 코인 4개 주세요.
Four shower coins, please.
[풔 샤워 코인스, 플리즈.]

· 세탁 코인 2개 주세요.
Two laundry coins, please.
[투 런드뤼 코인스, 플리즈.]

· 드라이 코인 1개 주세요.
One dry coin, please.
[원 드롸이 코인, 플리즈.]

· A구역 1번 사이트입니다.
Zone A, site number one.
[존 에이, 싸잇 넘버 원.]

· 화장실과 가까운 곳으로 주실 수 있나요?
Could I have a site close to the restroom?
[쿠다이 해버 싸잇 클로즈 투 더 뤠쓰룸?]

· 편의 시설과 가까운 곳으로 주실 수 있나요?
Could I have a site close to the facilities?
[쿠다이 해버 싸잇 클로즈 투 더 파씰리티스?]

· 해변과 가까운 곳으로 주실 수 있나요?
Could I have a site close to the beach?
[쿠다이 해버 싸잇 클로즈 투 더 비취?]

· 계산은 체크아웃 하실 때 하시면 됩니다.
You can pay your bills when you check-out.
[유 캔 페이 유어 빌스 웬 유 췌카웃.]

· 머물 수 있는 방이 있나요?
You got any room available?
[유 갓 애니 룸 어베일러블?]

· 방갈로를 빌릴 수 있나요?
You got any bungalow available?
[유 갓 애니 벙글로우 어베일러블?]

· 캐빈을 빌릴 수 있나요?
You got a cabin available?
[유 가러 캐빈 어베일러블?]

· 캐러밴을 빌릴 수 있나요?
You got a caravan available?
[유 가러 캐뤄밴 어베일러블?]

12 캠핑사이트  camping site [캠핑 싸잇]

· A구역이 어디 있나요?
Where is zone A?
[웨어리즈 존 에이?]

· 저희 캠핑사이트를 못 찾겠습니다.
We can't find our camping site.
[위 캔 퐈인 아워 캠핑 싸잇.]

· 캠핑사이트 찾는 것 좀 도와주세요.
Could you help us find our camping site?
[쿠쥬 헬퍼스 퐈인 아워 캠핑 싸잇?]

· 어디서부터 어디까지가 저희 사이트죠?
From where to where is it our camping site?
[프롬 웨어 투 웨얼 이짓 아워 캠핑 싸잇?]

- 주차해야 하는 곳이 정해져 있나요?
  Is there a specific space for parking?
  [이즈 데어러 스페씨퓍 스페이쓰 포 파킹?]
- 저희 캠핑사이트에 이미 누가 있어요.
  Our camping site is already occupied.
  [아워 캠핑 싸잇 이즈 올뤠리 어큐파이드.]

13 전기  electricity [일렉트뤼씨티]

- 콘센트의 전원이 나갔습니다.
  The outlet power went off.
  [디 아웃렛 파워 웬 오프.]
- 콘센트 전원을 어떻게 켜나요?
  How do I turn on the outlet power?
  [하우 두 아이 턴 온 디 아웃렛 파워?]
- 다른 전기 콘센트를 사용하고 싶습니다.
  I wanna use another electrical outlet.
  [아이 워너 유즈 어나덜 일렉트뤼컬 아웃렛.]
- 어댑터를 빌릴 수 있나요?
  Could I borrow an adaptor?
  [쿠다이 버뤄우 언 어댑터?]
- 보증금을 내야 하나요?
  Do I need to pay the deposit?
  [두 아이 니투 페이 더 디포짓?]
- 어댑터를 어디서 살 수 있나요?
  Where can I buy an adaptor?
  [웨얼 캐나이 바이 언 어댑터?]
- 전기박스가 어디 있나요?
  Where is the fuse box?
  [웨어리즈 더 퓨즈 박쓰?]

14 정화조 chemical toilet [케미칼 토일렛]

- 정화조 비우는 곳은 어디 있나요?
  Where is the chemical toilet disposal?
  [웨어리즈 더 케미칼 토일렛 디스포절?]
- 정화조 비우는 법을 알려 주세요.
  Please tell me how to empty the chemical toilet.
  [플리즈 텔 미 하우 투 엠티 더 케미칼 토일렛.]

15 샤워시설

shower [샤워]

· 샤워시설은 어디 있나요?

Where is the shower?
[웨어리즈 더 샤워?]

· 샤워기가 안 되는데요.

There's no water coming out from the shower.
[데얼즈 노 워러 커밍 아웃 프롬 더 샤워.]

· 따뜻한 물이 안 나와요.

There's no hot water in the shower.
[데얼즈 노 핫 워러 인 더 샤워.]

· 여기 사람 있어요.

It's occupied.
[잇츠 어큐파이드.]

· 샤워 후 바닥을 닦아주시기 바랍니다.

Please wipe the floor after the shower.
[플리즈 와입 더 플로어 애프터 더 샤워.]

16 설거지실

dish washing area [디쉬 워싱 애뤼아]

· 설거지 하는 곳은 어디인가요?

Where is the dish washing area?
[웨어리즈 더 디쉬 워싱 애뤼아?]

· 주방세제를 빌려주실 수 있나요?

Could I borrow some dish detergent?
[쿠다이 버뤄우 썸 디쉬 디터전?]

· 이 쪽 싱크대는 고장 났어요.

This sink is broken.
[더 씽크 이즈 브뤄큰.]

· 배수구가 막혔습니다.

The drain in the sink got blocked.
[더 드뤠인 인 더 씽크 갓 블락.]

17 편의 시설

convenience facilities [컨비니언쓰 파씰리티스]

· 편의 시설은 어떤 것들이 있나요?

What kind of convenience facilities do you have?
[왓 카인도브 컨비니언쓰 파씰리티스 두 유 햅?]

· 슈퍼마켓은 어디 있나요? Where is the grocery store?
[웨어 리즈 더 그뤄써뤼 스토어?]

· 수영장은 어디 있나요? Where is the swimming pool?
[웨어 리즈 더 스위밍 풀?]

· 레스토랑이 있나요? Is there a restaurant?
[이즈 데어러 뤠스토란?]

· 인터넷 라운지가 있나요? Is there an Internet lounge?
[이즈 데어런 인터넷 라운쥐?]

18 세탁실 laundry area [런드뤼 애뤼아]

· 세탁실은 어디 있나요? Where is the laundry area?
[웨어리즈 더 런드뤼 애뤼아?]

· 어떤 것이 탈수기죠? Which one is the dryer?
[위치 원 이즈 더 드롸이어?]

· 세제를 좀 빌릴 수 있을까요? Could I borrow some of your detergent?
[쿠다이 버뤄우 썸 오브 유어 디터전?]

· 세탁 코인이 들어갔는데 작동을 안 해요. The laundry coin is in but won't work.
[더 런드뤼 코인 이즈 인 벗 원 웍.]

19 자동차 호텔 car hotel [카 호텔]

· 근처에 이비스 버짓이 있나요? Is there any Ibis Budget hotel around here?
[이즈 데얼 애니 이비스 버쥣 호텔 어롸운 히얼?]

· 체크아웃을 이미 했습니다. I've already checked out.
[아입 올뤠리 췍 아웃]

· 주차를 몇 시간 더 할 수 있나요? Could I park my car here for another few hours?
[쿠다이 팍 마이 카 히얼 포 어나덜 퓨 아월스?]

· 얼마나 더 요금을 내야 하나요?

How much extra do you charge?
[하우 머취 엑스트롸 두유 촤쥐?]

반납하기

20 반납 return [뤼턴]

· 차량반납 일정 확인하려고요.

I wanna confirm my return schedule.
[아이 워너 컨펌 마이 뤼턴 스케줄.]

· 제 이름은 이시원입니다.

My name is 이시원.
[마이 네임 이즈 이시원.]

· 계약서번호는 12345입니다.

My contract number is 12345.
[마이 컨트뤡 넘버 이즈 12345.]

· 차량번호는 AB-123-CD 입니다.

The plate number is AB-123-CD.
[더 플레잇 넘버 이즈 AB-123-CD.]

· 7월 2일 도착입니다.

I will be arriving on July 2nd.
[아윌 비 어롸이빙 온 쥴라이 세컨.]

· 리스본 국제공항 포르텔라 센터 맞지요?

Lisbon Airport Portela center(agency), right?
[리즈본 에어폿 포텔라 센터, 롸잇?]

· 거기서 12시에 뵙겠습니다.

I'll be there at noon.
[아윌 비 데얼 앳 눈.]

» 차량 조기반납 및 환불

· 차량을 예정보다 일찍 반납하려고 합니다.

I wanna return my car earlier than expected.
[아이 워너 뤼턴 마이 카 얼리얼 댄 익스펙티드.]

· 가장 가까운 센터가 어디인가요?
Which center(agency) is the nearest?
[위치 센터 이즈 더 니어뤼스트?]

· 제 이름은 이시원입니다.
My name is 이시원.
[마이 네임 이즈 이시원.]

· 계약서번호는 12345입니다.
My contract number is 12345.
[마이 컨트뤡 넘버 이즈 12345.]

· 차량번호는 AB-123-CD입니다.
The plate number is AB-123-CD.
[더 플레잇 넘버 이즈 AB-123-CD.]

21 연장 변경

extend [익스텐드]
change [췌인쥐]

· 계약을 연장하려고요.
I wanna extend my contract.
[아이 워너 익스텐드 마이 컨트뤡.]

· 반납센터를 변경하고 싶습니다.
I wanna change the return center(agency).
[아이 워너 췌인지 더 뤼턴 센터.]

· 제 이름은 이시원입니다.
My name is 이시원.
[마이 네임 이즈 이시원.]

· 계약서번호는 12345입니다.
My contract number is 12345.
[마이 컨트뤡 넘버 이즈 12345.]

· 차량번호는 AB-123-CD입니다.
The plate number is AB-123-CD.
[더 플레잇 넘버 이즈 AB-123-CD.]

· 일주일 더 연장하고 싶습니다.
I want a one-week extension, please.
[아이 원 어 원 윅 익스텐션, 플리즈.]

· 3일 더 연장하고 싶습니다.
I want a three-day extension, please.
[아이 원 어 쓰뤼 데이 익스텐션, 플리즈.]

· 변경하고자 하는 센터가 어디인가요?
Which center(agency) would you like to change to?
[위치 센터 우쥬 라익 투 췌인지 투?]

· 추가금액은 하루에 28유로입니다.
28€ will be charged for one day.
[28유로 윌 비 촤쥐드 포 원 데이.]

· 차량등록번호와 보험등록번호가 필요합니다.
We need your car registration number and your insurance number.
[위 니쥬어 카 뤠지스트뤠이션 넘버 앤 유어 인슈어뤈쓰 넘버.]

· 차량번호가 필요합니다.
We need your car plate number.
[위 니쥬어 카 플레잇 넘버.]

· 계약서번호가 필요합니다.
We need your contract number.
[위 니쥬어 컨트뤡 넘버.]

· 신용카드 정보가 필요합니다.
We need your credit card information.
[위 니쥬어 크뤠딧 카드 인포메이션.]

· 카드 번호를 알려주세요.
Your credit card number, please.
[유어 크뤠딧 카드 넘버, 플리즈.]

· 비자카드인가요?
Is it a VISA?
[이짓 어 비자?]

· 마스터카드인가요?
Is it a Master Card?
[이짓 어 매스터 카드?]

· 유효기간이 어떻게 되나요?
Expiration date, please?
[익스피뤠이션 데잇, 플리즈?]

· 신용카드 뒷면에 있는 CVC 번호를 알려주세요.
The CVC number on your back of the credit card, please.
[더 CVC 넘버 온 유어 백 오브 더 크뤠딧 카드, 플리즈.]

· 사용 가능한 팩스 번호를 알려주세요.
Any available fax number, please.
[애니 어베일러블 팩스 넘버, 플리즈.]

· 원본 보험증서를 보내드릴 거예요.
We will be sending you an original copy of the insurance.
[위 윌 비 샌딩 유 언 오뤼지널 카피 오브 디 인슈어뤈쓰.]

· 주소를 알려주세요.
Your address, please.
[유어 어드뤠쓰, 플리즈.]

PART 03

숙박과 위급상황

- 숙박
- 위급상황
- 약국/병원에서

숙박 정보

■ 호스텔 hostel

유럽의 호스텔은 [게스트하우스]의 개념이다. 취향에 따라 2인실 혹은 4인 / 6인실 등을 선택할 수 있는데, 가장 큰 장점은 세계 각국에서 온 친구들과 교류를 할 수 있다는 것이다.

■ B&B Bed & Breakfast

B&B란 [Bed & Breakfast]의 약자로 잠자리와 아침식사가 제공되는 숙소이며 개조한 가정집을 말한다. 주로 영국, 스코틀랜드 그리고 아일랜드 지역에 많이 있으며 영국 현지 생활과 푸짐한 아침식사를 함께 경험해 볼 수 있다는 장점이 있다.

■ 캠핑장 camping

유럽인들은 오래 전부터 캠핑 여행을 했기 때문에 캠핑장과 캠핑 문화가 잘 발달되어 있다. 그러나 주로 도시 외곽에 위치해 있기 때문에 대중교통을 이용해 가기엔 어렵다는 단점이 있다.

위급상황에 대처하기

■ 분실 및 도난 lost & robbery

소지품을 분실한 경우 경찰서로 가서 폴리스 리포트를 작성한다. 여권을 분실했을 경우에는 경찰서에서 받은 폴리스 리포트를 가지고 한국 대사관을 찾아가 여권 재발급을 신청하거나 여행증명서를 신청한다. 여행자 보험에 가입해 두었다면 한국에 돌아가 증명서(폴리스 리포트)를 제시하면 보험금을 받을 수 있다.

■ 교통사고 car accident

운전 중 사고가 난 경우라면 경찰에 신고해 폴리스 리포트를 작성하고, 렌트 업체에 연락한다. 사고 시를 대비해 렌트 업체의 연락처와 자동차 등록증을 항상 휴대하고 있는 것이 좋다.

〈유럽 국가별 한국 대사관 연락처〉

국가	주소	전화	긴급 전화
네덜란드	Verlengde Tolweg 8, 2517 JV The Hague, Netherlands	+31-70-740-0200	경찰 112 구급 112
독일	Botschaft der Republik Korea, Stülerstr. 10, 10787 Berlin, Bundesrepublik Deutschland	+49 030-260-650	경찰 110 구급 112
벨기에	Chaussee de la Hulpe 173-175 1170 Brussels, Belgium	+32 (0)2-675-5777	경찰 101 구급 112
스위스	Kalcheggweg 38, 3000 Bern, Switzerland	+41-(0)31-356-2444	경찰 117 구급 144
스페인	Calle González Amigo, 15, 28033 Madrid	+34-91-353-2000	경찰 112 구급 112
오스트리아	Gregor Mendel Strasse 25, A-1180, Vienna, Austria	+43-1-478-1991	경찰 133 구급 144
영국	60 Buckingham Gate, London SW1E 6AJ	+44-20-7227-5500	경찰 999 구급 999
이탈리아	Via Barnaba Oriani, 30 - 00197 Roma, ITALY	+39 06-802461	경찰 113 구급 118
포르투갈	Avenida Miguel Bombarda 36, 7º, 1050-165 Lisbon	+351 21-793-7200	경찰 112 구급 112
프랑스	125 rue de Grenelle 75007 Paris, FRANCE	+33-1-4753-0101	경찰 17 구급 15
체코	Pelléova 15, 160 00 Praha 6-Bubenec, Czech Republic	+420-234-090-411	경찰 158 구급 155
헝가리	1062 Budapest, Andrássy út 109, Hungary	+36-1-462-3080	경찰 107 구급 104

■ 약국 및 병원 이용 pharmacy & hospital

외국인이 해외에 가서 병원을 이용하려면 병원비를 감당하기 힘들다. 특히 유럽 지역의 병원비는 비싼 편인데 그렇다고 병원을 이용해야 할 상황에서 참을 수만은 없는 일. 이를 대비하기 위해 여행을 떠나기 전 여행자 보험을 반드시 가입해 두는 것이 좋다. 유의할 점은 병원 이용 시 진단서와 진료비 영수증을 반드시 받아야 한국에 돌아와 보험금을 받을 수 있다.

숙박과 위급상황

많은 단어를 알 필요 없다 왜? 말할 게 뻔하니까!

숙박

01 호스텔 — hostel [호스텔]

02 B&B — B&B [비앤비]

위급상황

03 분실/도난 — lost / robbery [러스트/뤄버리]

04 구조요청 — call for help [콜 포 헬프]

05 교통사고 — car accident [카 액시던트]

약국 / 병원에서

06 약국 — pharmacy [퐈마씨]

07 병원 — hostpital [하스피럴]

빨리찾아 말하면 OK!

숙박

01 호스텔 hostel [호스텔]

· 가까운 유스호스텔이 어디 있나요?	Where is the nearest youth hostel? [웨어리즈 더 니어뤼스트 유쓰 호스텔?]
· 체크인은 몇 시인가요?	What time is the check-in? [왓 타임 이즈 더 췌킨?]
· 2인실 주세요.	Double room, please. [더블 룸, 플리즈.]
· 혼숙 4인실 있습니다.	We have a four-bedded room, mixed. [위 해버 풔-베디드 룸, 믹쓰드.]
· 혼숙 6인실 있습니다.	We have a six-bedded room, mixed. [위 해버 씩스-베디드 룸, 믹쓰드.]
· 여성전용 4인실 있습니다.	We have a four-bedded room, ladies only. [위 해버 풔-베디드 룸, 레이디스 온리.]
· 여성전용 6인실 있습니다.	We have a six-bedded room, ladies only. [위 해버 씩스-베디드 룸, 레이디스 온리.]
· 방에 개인용 사물함이 있나요?	Is there a personal locker in the room? [이즈 데어러 펄스널 라커 인더 룸?]
· 샤워는 어디서 할 수 있나요?	Where can I take a shower? [웨얼 캐나이 테이꺼 샤워?]
· 유스호스텔증이 있습니다.	I have an International Youth Hostel Membership Card. [아이 해번 인터내셔널 유쓰 호스텔 멤버쉽 카드.]

· 할인이 됩니다.
You can get a discount.
[유 캔 게러 디스카운트.]

· 제가 사용할 수 있는 수영장이 있나요?
Is there a pool I can use?
[이즈 데어러 풀 아이 캔 유즈?]

· 제가 사용할 수 있는 헬스장이 있나요?
Is there a gym I can use?
[이즈 데어러 쥠 아이 캔 유즈?]

· 숙박카드로 편의 시설 이용이 가능합니다.
You can use the facilities with the hostel card.
[유 캔 유즈 더 파실리티스 윗 더 호스텔 카드.]

· 제가 아래 침대 써도 되나요?
Can I use the under bed?
[캐나이 유즈 디 언더 베드?]

· 제가 2층 쓸게요.
Can I use the upper bed?
[캐나이 유즈 디 어퍼 베드?]

· 어떤 사물함이 비어있나요?
Which locker is it empty?
[위치 라커 이짓 엠티?]

· 화장실이 비어있나요?
Is the restroom empty?
[이즈 더 뤠쓰룸 엠티?]

· 화장실에 누가 있습니다.
The restroom is occupied.
[더 뤠쓰룸 이즈 어큐파이드.]

· 몇 시에 화장실을 쓰실 건가요?
What time are you planning to use the restroom?
[왓 타임 아 유 플래닝 투 유즈 더 뤠쓰룸?]

· 샤워실을 못 찾겠습니다.
I can't find the shower stall.
[아이 캔 퐈인 더 샤워 스톨.]

· 샤워실이 꽉 찼습니다.
The shower stall is full.
[더 샤워 스톨 이즈 풀.]

· 세탁실이 어디 있나요?
Where is the laundry room?
[웨어리즈 더 런드뤼 룸?]

· 세탁 코인 1개 주세요.
Get me a laundry coin, please.
[겟 미 어 런드뤼 코인, 플리즈.]

· 조식은 어디서 먹나요? Where can i have my breakfast?
[웨얼 캐나이 햅 마이 브렉퍼스트?]

· 조식은 몇 시부터인가요? What time does the breakfast start?
[왓 타임 더즈 더 브렉퍼스트 스타트?]

· 여기 와이파이 되나요? You got Wifi here?
[유 갓 와이파이 히어?]

· 와이파이 카드를 구매하시면 됩니다. You can buy a Wifi card.
[유 캔 바이 어 와이파이 카드.]

· 여기 아이디와 비밀번호 입니다. Here is the ID and the password.
[히얼 이즈 디 아이디 앤 더 패쓰워드.]

· 드라이기 있나요? You got a hair dryer?
[유 가러 헤어 드롸이어?]

· 수건 대여는 1개에 €0.5 입니다. It's €0.5 for borrowing a towel.
[잇츠 0.5유로 포 버뤄잉 어 타월.]

· 리셉션이 어디인가요? Where is the reception?
[웨어리즈 더 뤼셉션?]

· 1층에 있습니다. It's on the ground floor.
[잇츠 온 더 그롸운드 플로어.]

새로운 친구분을 만나셨나요? 반갑게 인사해 보세요!

· 안녕하세요? 만나서 반갑습니다. Hello, nice meeting you.
[헬로, 나이스 미링 유.]

· 어디서 오셨나요? Where are you from?
[웨어 아 유 프롬?]

· 저는 한국에서 왔습니다. I'm from Korea.
[암 프롬 코뤼아.]

· 물론 남쪽에서 왔습니다. Of course I'm from South Korea.
[오브 콜스 암 프롬 싸우쓰 코뤼아.]

· 혼자 여행 중이세요? Are you traveling alone?
[알 유 트롸블링 얼론?]

· 여행한 지는 얼마나 되셨어요? How long have you been traveling?
[하우 롱 해뷰 빈 트뤠블링?]

· 언제 돌아가실 계획이세요? When are you planning to go back?
[웬 알 유 플래닝 투 고 백?]

· 지금 일주일 됐습니다. It's been a week.
[잇츠 빈 어 윅.]

· 다음 주에 돌아갈 거예요. I'm planning to go back next week.
[암 플래닝 투 고 백 넥쓰트 윅.]

· 페이스북 친구 신청할게요. I'll friend you on the Facebook.
[아윌 프렌 유 온 더 풰이스북.]

· 이메일 주소 주실 수 있나요? Can I get your email address?
[캐나이 겟 유어 이메일 어드뤠쓰?]

02 B&B B&B [비앤비]

· 체크인 하겠습니다. Check in, please.
[췌킨, 플리즈.]

· 제 이름은 이시원입니다. My name is 이시원.
[마이 네임 이즈 이시원.]

· 방은 2층이에요. Your room is upstairs.
[유어 룸 이즈 업스테얼스.]

· 왼쪽 2번째 방이에요. It's the second one on the left side.
[잇츠 더 세컨 원 온 더 레프트 사이드.]

· 조식은 몇 시인가요? What time is the breakfast?
[왓 타임 이즈 더 브렉퍼스트?]

· 이 차가 맛있네요. This tea tastes wonderful.
[디스 티 테이스츠 원더풀.]

· 이 차의 이름이 뭔가요? What's the name of this tea?
[왓츠 더 네임 오브 디스 티?]

· 아침이 맛있네요. The breakfast tastes delicious.
[더 브렉퍼스트 테이스츠 딜리셔스.]

· 근처에 괜찮은 레스토랑이 있나요? Is there a nice restaurant around here?
[이즈 데어러 나이쓰 뤠스토란 어롸운 히얼?]

· 근처에 괜찮은 카페가 있나요? Is there a nice café around here?
[이즈 데어러 나이쓰 카풰 어롸운 히얼?]

· 와이파이 비밀번호가 뭔가요? What is the password for the Wifi?
[왓 이즈 더 패쓰워드 포 더 와이파이?]

· 만나서 반가웠습니다. It was nice meeting you.
[잇 워즈 나이스 미링 유.]

· 모든 것에 감사합니다. Thank you for everything
[땡큐 포 에브뤼띵.]

· 여기요, 한국에서 가져온 선물입니다. It's for you, I brought it from Korea.
[잇츠 포 유, 아이 브륏 잇 프롬 코뤼아.]

위급상황

03 분실/도난 lost / robbery [러스트/뤄버리]

· 여권을 잃어버렸습니다. I lost my passport.
[아이 러스트 마이 패쓰포트.]

· 여권을 도난 당했습니다. My passport has been stolen.
[마이 패쓰포트 해즈 빈 스톨른.]

· 지갑을 잃어버렸습니다. I lost my wallet.
[아이 러스트 마이 월렛.]

· 지갑을 도난 당했습니다. My wallet has been stolen.
[마이 월렛 해즈 빈 스톨른.]

· 가방을 잃어버렸습니다. I lost my bag.
[아이 러스트 마이 백.]

· 가방을 도난 당했습니다. My bag has been stolen.
[마이 백 해즈 빈 스톨른.]

· 휴대폰을 잃어버렸습니다. I lost my cellphone.
[아이 러스트 마이 쎌폰.]

· 휴대폰을 도난 당했습니다. My cellphone has been stolen.
[마이 쎌폰 해즈 빈 스톨른.]

· 경찰에 신고하겠습니다. I'm gonna call the police.
[암 거나 콜 더 폴리쓰.]

· 대사관에 전화하겠습니다. I'm gonna call the embassy.
[암 거나 콜 디 엠배씨.]

· 저는 여행객인데, 방금 도난을 당했습니다. I'm a traveler and I've just been robbed.
[암 어 트뤠블러 앤 아입 저쓰 빈 뢉드.]

· 조서를 쓰는 데 도움이 필요합니다. I need some help writing the police report.
[아이 니드 썸 헬프 롸이링 더 폴리쓰 뤼폿.]

· 통역이 필요합니다. I need a translator.
[아이 니더 트뤤슬레이러.]

· 대사관에 전화해 주세요. Please call the embassy.
[플리즈 콜 디 엠배씨.]

04 구조요청  call for help [콜 포 헬프]

· 도와주세요! Help!
[헬프!]

· 경찰을 불러주세요! Call the police!
[콜 더 폴리씨!]

· 도둑이에요! Thief!
[띠프!]

· 저기예요! 저 사람이에요! Over there! That's him!
[오벌 데어! 댓츠 힘!]

05 교통사고 car accident [카 액시던트]

· 교통사고가 났습니다. There's been an accident.
[데얼스 빈 언 액시던트.]

· 교통사고 신고하려고요. I wanna report an accident.
[아이 워너 뤼폿 언 액시던트.]

· 위치가 마세나광장 근처 입니다. The location is near the La Place Massena.
[더 로케이션 이즈 니얼 더 라 쁠라스 마쎄나.]

· 구급차가 필요합니다. We need an ambulance.
[위 니던 앰뷸런쓰.]

· 2명이 다쳤습니다. Two people are injured.
[투 피플 아 인저드.]

· 서둘러 주세요! Please hurry!
[플리즈 허뤼!]

· 통역이 필요합니다. I need a translator.
[아이 니더 트뤤슬레이러.]

약국 / 병원에서

06 약국 pharmacy [퐈마씨]

· 진통제 좀 주실래요? Could I get some painkillers?
[쿠다이 겟 썸 페인킬러스?]

· 열이 좀 있습니다.

I have a fever.
[아이 해버 퓌버.]

· 해열제 좀 주실래요?

Could I get some fever reducer?
[쿠다이 겟 썸 퓌버 뤼듀써?]

· 기침약 좀 주실래요?

Could I have some cough linctus?
[쿠다이 햅 썸 코프 링트스?]

· 콧물이 좀 나네요.

I have a runny nose.
[아이 해버 뤄니 노즈.]

· 반창고 좀 주실래요?

Could I have some band aids?
[쿠다이 햅 썸 밴대이스?]

· 감기약 주세요.

Get me some medicine for cold, please.
[겟 미 썸 메디쓴 포 콜드, 플리즈.]

· 소화제 주세요.

Get me some digestive medicine, please.
[겟 미 썸 다이줴스티브 메디쓴, 플리즈.]

· 설사약 주세요.

Get me some diarrhea medicine, please.
[겟 미 썸 다이애뤼아 메디쓴, 플리즈.]

· 파스 주세요.

Get me some cooling patch, please.
[겟 미 썸 쿨링 팻취, 플리즈.]

· 두통약 주세요.

Get me some medicine for a headache, please.
[겟 미 썸 메디쓴 포러 헤데익, 플리즈.]

· 빨간약 주세요.

Get me some disinfectant, please.
[겟 미 썸 디스인펙턴트, 플리즈.]

· 안약 좀 주실래요?

Could I get an eye drop?
[쿠다이 게런 아이 드뢉?]

· 손 소독제 좀 주실래요?

Could I get a sanitizer?
[쿠다이 게러 새니타이저?]

· 구강청결제 좀 주실래요?

Could I get a mouthwash?
[쿠다이 게러 마우쓰워쉬?]

07 병원 Hospital [하스피럴]

· 배가 아픕니다.	I have a stomachache. [아이 해버 스타미에익.]
· 음식이 소화가 안됩니다.	I can't digest any food. [아이 캔 다이줴스트 애니 푸드.]
· 소화가 안 돼서 배가 아픕니다.	I'm sick to my stomach. [암 씩 투 마이 스타믹.]
· 다리가 부러진 것 같아요.	I think I got a broken leg. [아이 띵크 아이 가러 브뤄큰 렉.]
· 팔이 부러졌습니다.	I think I got a broken arm. [아이 띵크 아이 가러 브뤄큰 암.]
· 여기를 깊게 베었습니다.	I have a deep cut here. [아이 해버 딥 컷 히얼.]
· 마비 증상이 있는 것 같습니다.	I think I'm paralyzed. [아이 띵크 암 패랄라이즈드.]
· 손가락 감각이 없습니다.	I can't feel my fingers. [아이 캔 퓔 마이 핑걸스.]
· 피가 멈추지 않습니다.	The bleeding won't stop. [더 블리딩 원 스탑.]
· 이가 부러졌습니다.	I got a broken tooth. [아이 가러 브뤄큰 투쓰.]
· 저 시력검사를 받아야 합니다.	I need to get an eye test. [아이 니투 게런 아이 테스트.]
· 수술이 필요합니다.	You need surgery. [유 니드 써줘뤼.]
· 입원하셔야 합니다.	You need to get hospitalized. [유 니투 겟 하스피탈라이즈드.]
· 맹장수술이 필요합니다.	You need an appendectomy. [유 니던 애펜덱터미.]

· 장염이 있으시네요.

You got gastroenteritis.
[유 갓 개스트로인테뤼티스.]

· 골절이 있으시네요.

You got a fracture.
[유 가러 프뤡쳐.]

· 심각한 부상이 아닙니다.

It's nothing serious.
[잇츠 낫띵 시뤼어스.]

· 일주일 동안 목발을 짚어야 합니다.

You need to walk on crutches for a week.
[유 니투 웍 온 클럿취스 포러 윅.]

· 일주일 동안 깁스를 해야 합니다.

You need to wear a cast for two weeks.
[유 니투 웨어러 캐스트 포 투 윅스.]

· 최근에 수술을 한 적이 있나요?

Have you recently got any surgery?
[해뷰 뤼센리 갓 애니 써줘리?]

· 당뇨가 있습니까?

Do you have diabetes?
[두 유 햅 다이아비디스?]

· 고혈압 가족력이 있나요?

Do you have a family history of high blood pressure?
[두 유 해버 패밀리 히스토뤼 오브 하이 블럿 프뤠셔?]

· 이게 처방전입니다.

This one is your prescription.
[디스 원 이즈 유어 프뤼스크륍션.]

· 이게 진단서입니다.

This one is your diagnostic certificate.
[디스 원 이즈 유어 다이액노스틱 썰티퓌킷.]

memo